锂产业链风险管理研究

左芝鲤　成金华　著

本书得到国家自然科学基金重大项目"新时代战略性关键矿产资源供给安全与管理政策"（71991482）资助

科　学　出　版　社

北　京

内 容 简 介

当今世界正处于百年未有之大变局，局部冲突和动荡频发、全球性问题加剧等加速了全球价值链重构，有效管理和应对产业链风险成为各国的重要关注点。本书以锂产业链为研究对象，探讨锂产业链在资源安全管理中所面临的系列科学问题。研究内容包括锂产业链贸易格局演化、锂产业链韧性演化现状、锂产业链脆弱性分析、锂资源综合风险预警等。本书的主要特色体现在基于全球治理视角动态模拟了贸易中断风险发生对锂产业链的影响，并识别了锂产业链韧性演化规律及影响因素，为提高锂产业链韧性和安全水平、构建新发展格局、建设现代化产业体系提供科学分析与决策支持。

本书的读者群涵盖广泛，包括但不限于政策制定者、学者、产业从业者，以及对战略性关键矿产资源抱有浓厚兴趣的各界人士。

图书在版编目（CIP）数据

锂产业链风险管理研究 / 左芝鲤，成金华著. —北京：科学出版社，2024.7
ISBN 978-7-03-076963-3

Ⅰ. ①锂… Ⅱ. ①左… ②成… Ⅲ. ①锂–矿产资源–产业链–风险管理–研究 Ⅳ. ①F416.1

中国国家版本馆 CIP 数据核字（2023）第 220229 号

责任编辑：邓　娴 / 责任校对：姜丽策
责任印制：张　伟 / 封面设计：有道文化

科　学　出　版　社 出版
北京东黄城根北街 16 号
邮政编码：100717
http://www.sciencep.com
北京天宇星印刷厂 印刷
科学出版社发行　各地新华书店经销

*

2024 年 7 月第　一　版　　开本：720×1000　B5
2024 年 7 月第一次印刷　　印张：9 1/4
字数：190 000

定价：102.00 元
（如有印装质量问题，我社负责调换）

前　　言

战略性关键矿产是支撑经济高质量发展的重要原材料,对未来全球经济结构和产业结构的升级起着关键作用。习近平总书记多次强调要"着力防范化解重大风险""积极应对外部环境变化带来的冲击挑战"[①]。毋庸置疑,防范化解重大风险已成为新时代国家安全工作的中心任务。当前世界正处于风险突发、易发、频发时期,各类"黑天鹅"事件给世界运行秩序带来巨大挑战,突发公共卫生事件、地域冲突、大国博弈、极端天气等对国家战略性关键矿产资源的供应和产业健康发展造成了直接或间接的影响。随着国际格局和竞争环境的深刻变化、新兴经济体国际地位和话语权的不断增强、全球治理体系的深刻变革,传统安全观已不再适应新形势和新要求。这些变化给全球产业链和各国分工关系带来了外部性冲击,具体表现为"卡链"和"断链"等威胁产业安全的问题,使我国产业链不确定性增加。在此背景下,党的二十大报告明确强调"着力提升产业链供应链韧性和安全水平"[②]。由此可见,维护产业链的安全稳定是大国经济循环畅通的关键,是构建新发展格局的重要基础。而提升产业链韧性则是规避断链风险与补齐产业链短板,构建以国内大循环为主体、国内国际双循环相互促进的新发展格局的重要策略。

人类社会已进入第四次工业革命与第六次科技革命叠加的新时期,战略性新兴产业的快速发展,带动了对诸多矿产资源新的需求。其中,随着零碳经济浪潮的推动,锂资源已成为能源转型的关键,"双碳"目标落地的重要力量。因此,本书围绕中国锂产业链风险管理过程中应聚焦的问题,从"全球尺度的产业链"过渡到"国家尺度的资源端",对锂产业链全球贸易格局演化及影响因素、贸易网络结构韧性、贸易网络脆弱性和中国锂资源综合风险动态演变及预警展开细致研究。

本书梳理了全球锂产业链发展现状并对中国锂产业链发展面临的挑战与展望进行论述。首先,从产业端角度出发对全球的锂产业链供需现状进行分析;其次,对锂产业链的主要参与国/地区的产业发展现状进行梳理;再次,基于产业端和全球的现状分析,对中国锂产业链发展过程中存在的挑战和机遇进行分析;最后,对中国锂产业链未来发展进行展望。梳理可得,锂资源主要集中分布在智利、澳大利亚、阿根廷、

---

① 《人民日报署名文章:下好先手棋 打好主动仗——习近平总书记关于防范化解重大风险重要论述综述》,http://www.xinhuanet.com/politics/2021-04/15/c_1127331124.htm,2021-04-15。

② 《习近平:高举中国特色社会主义伟大旗帜 为全面建设社会主义现代化国家而团结奋斗——在中国共产党第二十次全国代表大会上的报告》,https://www.gov.cn/xinwen/2022-10/25/content_5721685.htm,2022-10-25。

中国、美国和加拿大等国家/地区,主要资源国/地区的产业布局聚焦于上游资源端,对中下游的战略布局起步较晚;中国凭借其中游锂加工产品的市场规模和在新能源汽车产业的异军突起,逐步实现了"弯道超车"。但是,中国在锂产业链的挑战主要集中在上游资源禀赋并不突出,中游定价权弱,下游核心技术掌握不足。未来,中国的锂产业链发展应该聚焦于上游资源端的可靠性、中游产品加工端的议价权、下游应用端的技术性,通过技术创新、深化合作等来巩固和深化我国的优势地位,从而为相关产业"走出去"和"走上去"提供更广阔的空间与更强劲的竞争力。

本书对比分析了锂产业链 2000～2021 年的全球贸易格局演变及影响因素。首先,分别构建了产业链上游、中游和下游的全球贸易网络,并对比了其 2000 年和 2021 年的贸易流向;然后,分析了锂产业链的整体网络特征和节点网络特征;最后,采用指数随机图模型实证检验了锂产业链贸易网络结构依赖的影响因素。研究发现,中国在锂产业链的全球贸易网络中地位日渐凸显,全球贸易格局正面临深刻的重组与变革,其中,锂产业链上游、中游和下游分别形成了中国占主导的"多极格局"、以中国和韩国为核心的"两极格局"和以中国为核心的"单极格局"的全球贸易格局;全球性突发事件的冲击加速了一些贸易国家/地区的退出,减少了国家/地区间的贸易联系,贸易壁垒不断增加,锂产业链呈现少部分核心国家/地区掌握绝大部分的贸易控制权的现象;内生结构、个体属性和外生网络效应都对锂产业链整体网络结构有显著影响,且上游、中游和下游的贸易结构依赖决定因素存在明显的异质性。

本书综合评估了锂产业链网络结构韧性及演化趋势。首先,构建了基于"度分布-度关联"的锂产业链贸易网络结构韧性的评价指标体系,并基于双变量二维矩阵构建锂产业链贸易网络结构韧性演化评估模型;其次,通过计算度分布和度关联划定锂产业链贸易网络结构类型;最后,通过计算网络结构韧性演化水平综合指数刻画锂产业链韧性在 2000～2021 年的动态演化过程。研究发现,锂产业链上游和中游的网络结构韧性类型较为稳定,网络类型一直为同配性网络,但是锂产业链下游的网络结构韧性类型在 2015 年和 2021 年经历了由同配性网络向韧性网络的转变;锂产业链的结构韧性一直处于波动变化状态,根据态势对其进行排名,可以得到上游韧性<中游韧性<下游韧性。

本书动态模拟了锂产业链遭遇贸易中断风险后的网络结构脆弱性。首先,计算了锂产业链的 PageRank 中心度并对重要节点进行排序;其次,确定了以网络集聚性、网络传输性、网络互动性和网络效率性为核心指标刻画锂产业链网络脆弱性;最后,采用蓄意攻击法模拟 PageRank 中心度排名前 10%节点失效后的网络脆弱性变化。研究发现,锂产业链的上游、中游和下游的贸易网络中 PageRank 中心度排名前 10%的国家/地区变化较大,且上游和中游的贸易网络呈现收缩趋势,下游的贸易网络呈现扩张趋势;当全球前 10%的关键节点逐渐退出后,锂产业链上游网络将面临瘫痪的风险，中游贸易网络和下游贸易网络的整体性能分别平均下降35%和23.5%。因此，加紧锂产业链上游的战略布局，提升其资源端韧性是锻造"强韧"产业链的关键，同时，深化国际合作以分摊风险是维持稳定外部环境的出路。

本书构建了中国锂资源综合风险分析框架，涵盖了资源风险、市场风险、贸易风险和社会风险，采用客观赋权法结合灰色关联投影法（criteria importance through intercriteria correlation-gray relational projection method，CRITIC[①]-GRPM）对2008～2022年的中国锂资源综合风险进行评估，并采用指数平滑法对之后十年（2023～2032年）的综合风险进行预警，评估结果采用客观赋权法结合优劣解距离法（criteria importance through intercriteria correlation-technique for order preference by similarity to an ideal solution，CRITIC-TOPSIS[②]）进行了进一步的验证，结果具有一定的可靠性。研究发现，中国锂资源综合风险常年处于中风险及以上，并于2022年转变为中高风险。具体而言，资源风险以2014年为分水岭呈现前低后高趋势；市场风险具有持续震荡特征，并于2021年攀升至中高风险；贸易风险受全球政治经济变化影响，不稳定性较高，持续处于中风险及以上；社会风险以2019年为谷点呈现"U"形变化趋势。此外，中国锂资源的综合风险多年持续处于"中警"及以上等级，其风险波动较小。全球性事件发生前后会伴随着预警等级的突变，具体而言，市场风险、贸易风险、社会风险和综合风险在2021年均发生突变现象，其预警等级陡增，未来，市场风险和贸易风险将面临"巨警"威胁。最后，贸易风险和市场风险存在正向伴随现象，其中，社会风险显著影响贸易风险，资源风险显著影响市场风险。

中国在新能源技术和产业发展方面取得了巨大进展，其中锂产业链是其发展过程中不可或缺的一部分。本书通过研究锂产业链风险管理过程中的资源贸易格局、产业链韧性提升和资源安全管理等内容，以期为政策制定者、学者以及产业从业者提供具有一定支撑意义的深入分析。在此，衷心感谢中国地质大学（武汉）经济管理学院课题组的老师们和研究生们在本书写作过程中给予的指导和帮助。感谢大力支持本书出版工作的科学出版社工作人员，特别感谢邓娴编辑。感谢成都理工大学同仁的支持。最后，感谢国家自然科学基金重大项目课题（71991482）、四川省自然科学基金项目（2024NSFSC1077）的支持。限于作者水平，书中缺点和疏漏在所难免，敬请各位专家和广大读者批评指正。我们希望本书能够为提升中国锂产业链韧性和安全，实现锂产业链的可持续发展提供切实有效的建议；也希望它能激发更多的研究和讨论，共同推进领域的深入探索与前进。

---

① CRITIC法全称为criteria importance through intercriteria correlation，又称为客观赋权法。

② TOPSIS（technique for order preference by similarity to an ideal solution）是一种多属性决策方法，又称为优劣解距离法。

目　　录

第一章　绪论 ·· 1
　第一节　战略性关键矿产的供应安全事关国家未来生命线 ·············· 1
　第二节　锂资源成为能源转型的关键，"双碳"目标落地的重要力量 ······· 3
　第三节　全球性突发事件加剧了资源断供风险，
　　　　　区域动荡影响着国际贸易安全 ····································· 4
第二章　风险管理研究理论及学术动态 ··································· 6
　第一节　理论基础 ··· 6
　第二节　相关概念解析 ··· 12
　第三节　国内外相关研究动态 ·· 13
第三章　全球锂产业链发展现状分析 ····································· 23
　第一节　主要国家/地区锂产业链发展现状梳理 ···························· 23
　第二节　中国锂产业链现状分析 ··· 30
　第三节　中国锂产业链发展现状、挑战及前景分析 ····················· 34
第四章　锂产业链全球贸易格局演化及影响因素分析 ·········· 38
　第一节　锂产业链全球贸易流向 ··· 38
　第二节　锂产业链贸易网络整体特征分析 ···································· 47
　第三节　锂产业链贸易网络节点特征分析 ···································· 50
　第四节　锂产业链贸易网络结构依赖影响因素 ····························· 71
第五章　锂产业链贸易网络结构韧性研究 ····························· 79
　第一节　网络结构韧性指标 ··· 79
　第二节　网络结构韧性类型及演化判定 ·· 81
　第三节　锂产业链贸易网络结构韧性分析 ···································· 83
第六章　锂产业链贸易网络脆弱性研究 ································· 91
　第一节　贸易网络脆弱性分析方法 ··· 91
　第二节　节点重要度核密度估计 ··· 93
　第三节　锂产业链贸易网络脆弱性演化及重要节点影响程度 ········· 95
第七章　中国锂资源综合风险动态演变及预警研究 ··········· 106
　第一节　中国锂资源综合风险分析框架 ·· 106
　第二节　中国锂资源综合风险预警方法 ·· 108

　　第三节　中国锂资源综合风险评价指标体系构建及测算…………………… 112
　　第四节　中国锂资源风险动态演变及预警结果分析…………………………… 115
第八章　提升锂产业链韧性与安全的对策和建议…………………………… 122
　　第一节　完善相关机制建设，建设产业链良好生态………………………… 122
　　第二节　加大资源保障力度，强化资源自给重要性………………………… 122
　　第三节　深化锂产业链的整合重构，突破资源"卡脖子"困境………… 122
　　第四节　推动区域合作深层次发展，挖掘贸易潜力，培育贸易新业态… 123
　　第五节　着眼"资源-市场-贸易"风险管理，
　　　　　　确保锂资源的安全和可持续供应………………………………… 124
参考文献………………………………………………………………………… 125

第一章 绪 论

进入新时代，资源安全历史性地被纳入总体国家安全观范畴，成为国家安全体系的重要一环。防范化解重大风险是新时代国家安全工作的中心任务[1]。21世纪以来，战略性关键矿产被广泛应用于战略性新兴产业，并开发出许多新技术、新产品、新业态和新模式，战略性关键矿产对经济增长的贡献得到充分发挥[2]。战略性关键矿产是支撑经济高质量发展的重要原材料，对未来全球经济结构和产业结构的升级起着关键作用[3]。但是战略性关键矿产资源禀赋分布不均衡的特征，导致各国在供给和需求上呈现地理分异的现象[4]。当前，我国工业由规模优势向创新优势转变，面临"逆全球化"与"双端挤压"的挑战和发展中国家市场扩大、新工业革命兴起等机遇并存的现状[5]。当今世界正经历百年未有之大变局，随着我国社会主要矛盾变化和国际力量对比深刻调整，我国发展面临的内外部风险空前上升。习近平总书记就《中共中央关于制定国民经济和社会发展第十四个五年规划和二〇三五年远景目标的建议》起草的有关情况向党的十九届五中全会作说明时指出："防范化解各类风险隐患，积极应对外部环境变化带来的冲击挑战，关键在于办好自己的事，提高发展质量，提高国际竞争力，增强国家综合实力和抵御风险能力，有效维护国家安全，实现经济行稳致远、社会和谐安定。①"因此，如何应对、防范和化解风险，提高经济高质量发展，利用两个市场两种资源对产业发展进行合理配置以抢占博弈制高点是研究要关注的重点[6]。

第一节 战略性关键矿产的供应安全事关国家未来生命线

"十四五"规划《建议》②提出，"提升产业链供应链现代化水平""实现重要产业、基础设施、战略资源、重大科技等关键领域安全可控""保障能源和战略性矿产资源安全"[7]。推动资源供应链稳定，维护其安全是经济双循环的基础。供应链前后端供给需求关系紧密关联，其稳定性出了问题，经济循环也难以顺畅运

---

① 资料来源：中共中央党史和文献研究院编《习近平关于防范风险挑战、应对突发事件论述摘编》（2020年）。

② 《中共中央关于制定国民经济和社会发展第十四个五年规划和二〇三五年远景目标的建议》，https://www.gov.cn/zhengce/2020-11/03/content_5556991.htm，2020-11-03。

转[8]。作为全球生产制造中心，确保战略性关键矿产供应链的自主可控，是大国经济循环畅通的关键，是我国提高制造业核心竞争力，在全球供应链中的地位持续攀升的关键[9]。随着全球化进程遭遇逆流，多边体制面临解构风险，以新发展理念构建新发展格局具有重要战略意义[10]。"双循环"新发展格局旨在强调依托国内市场掌握经济发展主动权，摆脱"卡脖子"的困境和国外技术依赖，打造一个以扩大内需为主，促进对外开放、内外互动的新发展战略[11, 12]。新发展格局将重塑国际合作与竞争优势，依附我国"后发优势"，通过深化区域合作、贸易自由化实现高质量、高水平的对外开放[13]。

　　随着新兴产业的发展，我国战略性关键矿产需求结构和总量发生了变动[14]，其中，战略性关键矿产的可持续供应成为重要研究议题[15]。近期，全球矿产资源供需不平衡问题变得更加突出，这是由多重因素共同作用引起的，包括突发公共卫生事件、供应限制、"双碳"目标、美联储采取扩张性货币政策等。特别是与电动汽车电池相关的关键金属供应出现严重短缺（图 1.1），导致国际矿产资源价格大幅上涨，并引发了新一轮的资源争夺[16]。国际可再生能源机构（International Renewable Energy Agency，IRENA）指出，预计到 2050 年，全球电动汽车销量、保有量或将分别达到 6200 万辆、7 亿辆；电池存储容量需求将增至 12 380 GW·h，太阳能光伏装机容量也将提高至 7100 GW 以上[17]。低碳经济所需的材料和关键金属的量将是巨大的[18]。根据悉尼科技大学的一项研究报告，与可再生能源、电动汽车、燃料电池和存储技术制造紧密相关的 14 种关键金属（如铜、钴、镍和锂）的预期需求将在未来几十年大幅增长[19]。与此同时，在 2015 年至 2060 年间，电动汽车电池的材料需求量将增长 870 倍，风能的材料需求量增长 10 倍，太阳能电池和光伏电池的材料需求量增长 30 倍[20]。尽管这些预测存在不确定性，但需求侧的叠加使得清洁能源转型将成为关键金属的主要战场[21]。

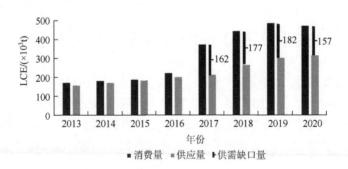

图 1.1　全球锂资源供需变化

LCE：lithium carbonate equivalent，碳酸锂当量
资料来源：前瞻产业研究院报告

现阶段，我国经济发展面临需求收缩、供给冲击、预期转弱的三重压力，实体经济下行压力加大，但新能源产业逆势上行，尤其是新能源汽车、动力电池及相关的锂、钴、镍等战略性关键矿产呈现蓬勃向上的发展态势。碳达峰、碳中和目标引发的全球能源转型导致关键矿产需求长期持续攀升，这导致拥有丰富矿产资源的国家将获益巨大，同时也引发了生产国的资源民族主义行为和消费大国之间的竞争与博弈。此外，关键矿产的分布集中度较高并存在垄断情况，这可能导致能源地缘政治关注的焦点从油气资源转移到关键矿产供应链上[22]。在百年未有之大变局下，全球资源政治化、价格金融化、政策调整逐利化等问题突出，并叠加突发公共卫生事件、主要资源生产国政治变化等不确定性因素影响，中国境外资源供应面临系列风险冲击，矿产资源供应链体系变得更脆弱[23]，中国经济发展的外部环境或将趋于更复杂和更严峻[24]。战略性关键矿产的供应链就是各国未来共同的生命线，如何防范贸易风险、提高资源控制力、维护产业链供应链安全已成为保障资源安全的研究重点。

第二节　锂资源成为能源转型的关键，"双碳"目标落地的重要力量

随着全球进入第四次工业革命与第六次科技革命交织的新时期，新经济时代涌现出了战略性新兴产业，如新能源汽车、风力发电、太阳能光伏、人工智能和量子通信等。这些产业的迅速发展激发了对锂、钴、镍、稀土、铂族金属等多种矿产资源新的需求[25]。其中，随着零碳经济浪潮的推动，锂已成为新能源革命的驱动力，国际社会共谋生态文明建设的重要选择，同时也是实现碳中和的重要力量[26]。锂被称为21世纪的"绿色高能金属"和"白色石油"。图1.1展示了2013年至2020年全球锂资源供需变化，在2017年至2019年，全球锂资源供需缺口逐渐扩大，截至2020年底，全球锂资源供需缺口量约为15.7万t LCE。据麦肯锡等多家国际机构预测，全球碳酸锂需求将保持平均25%以上的增速。未来世界锂矿资源消耗将呈几何级数增长，"资源决定胜局"已成行业共识。尽管21世纪内全球锂资源供给可以满足终端市场发展需求[27]，但由于锂矿床与产能在全球范围内分布不均，未来社会因素、政治因素、经济贸易因素以及地缘政治因素等对区域锂资源安全影响较大[28]，主要经济体正纷纷采取相关措施加紧其资源的全球布局。在21世纪初，由于人力成本和环境保护等因素，欧美国家将大量金属冶炼和加工产能转移到中国。中国在金属矿产的精炼和加工领域占据着优势地位，成为全球主要的精炼和加工基地。此外，中国还主导了碳酸锂和氢氧化锂的冶炼，截至2022年，中国拥有近900 GW·h的制造能力，占全球总产能的77%，世界十

大电池制造商中中国占六家。作为全球最大的金属矿产进口国和世界工厂，中国对矿产资源有着高度依赖。例如，2020年，中国对锂矿的进口依存度高达76%。由于矿产资源的不均衡分布，部分战略性关键矿产集中在少数国家。中国的矿产进口来源国集中度较高，使得中国在资源博弈中对动力较强的国家的矿产依赖度较高，也带来了较大的供应风险。此外，随着欧盟禁售燃油车计划的落地（图1.2），各国纷纷布局新能源汽车产业，锂资源已成为各国竞相角逐的重要资源之一。但受成矿条件、提矿技术、远景储量和生产制造等影响，我国锂资源的对外依赖程度可能不断加深。外部发展环境不确定性的日渐增强，使得锂资源的供应链面临较大的"断链"风险。因而，新时代战略性关键矿产资源供应风险与安全管理，需要新的解决方法与策略[29, 30]。

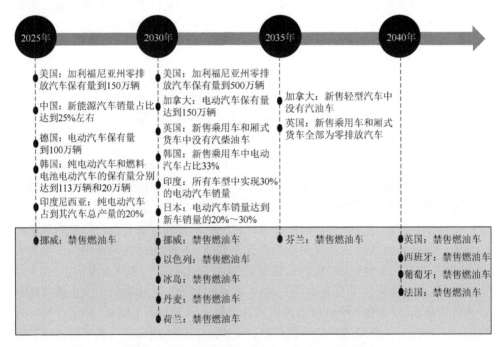

图 1.2　部分国家禁售燃油车及电动汽车发展目标

资料来源：根据相关研究[31]绘制而成

第三节　全球性突发事件加剧了资源断供风险，区域动荡影响着国际贸易安全

当前，世界正处于风险突发、易发、频发时期，各类"黑天鹅"事件给世界运行秩序带来巨大挑战，突发公共卫生事件、地域冲突、大国博弈、极端天气等

对国家的资源供应造成了直接或间接的影响。回看历史，国际冲突一直与人类社会并存，国家间的摩擦与博弈往往起因于资源的抢夺或制裁。例如，1977 年埃塞俄比亚与索马里的欧加登战争、1980 年的两伊战争、1991 年的海湾战争、1994 年的第一次车臣战争等。即使是在和平发展的年代，资源制裁的事件仍常发生，如2018 年美国对伊朗、俄罗斯的原油制裁，2022 年俄罗斯"北溪"管道暂停等。可以看出，世界发展趋势风平浪静的表面下伴随着暗流涌动、逆流险滩，中美博弈的加剧、中印边境冲突、南海争端等事件威胁着我国的贸易进口安全。此外，供应端的突发变故增加了断供风险，对我国的资源安全、产业发展造成了极大影响。比如，2008 年全球主要铜生产国智利、秘鲁、墨西哥以及赞比亚等国家的部分铜矿相继发生罢工事件；2019 年印度尼西亚施行镍原矿石出口禁令，中国镍矿石进口受到严重影响，导致镍铁产量出现明显下滑[32]；2020 年南非的边境封锁措施导致全球铬矿、钴矿市场面临供应中断风险；2020 年刚果（金）的封锁措施和社会动荡局势加剧了全球对钴矿生产的担忧。随着一些发达国家将自然资源"武器化"为制裁工具，中国发展的外部环境或将趋于更复杂和更严峻，如何应对、管理、利用不确定性来维护我国资源安全，需要提前谋划、全面评价和分类施策。

当前，世界的国际格局和竞争环境正在经历复杂的演变。新兴经济体的国际地位和话语权不断提升。随着全球治理体系的深刻变革，国际生产和贸易体系也面临深刻的调整。在这样的背景下，传统的安全观已无法满足新形势和新要求的需求[33]。随着"逆全球化"趋势的加深，全球不平等现象逐渐加剧，资源国的资源经济红利或将被削减，贸易保护主义的抬头势必会对中国的资源供应安全产生重大影响[34]。"不困在于早虑，不穷在于早豫。"中国正处于中华民族伟大复兴的关键时期，需要坚实的物质基础作为保障，为构建安全稳定的锂资源供应体系，实现国际贸易高质量发展，亟须识别并厘清锂资源安全形势，增强其产业链韧性，从资源端和产品端保障锂资源国际贸易安全。

第二章　风险管理研究理论及学术动态

第一节　理　论　基　础

一、风险相关理论

关于风险的理论主要分为两类：一类是承认风险的客观性与普遍性，引导人类对风险进行重视与警惕；另一类主要是强调风险的可控性，研究风险的防范方法与控制技术[35]。具体的风险理论如下。

（一）风险社会与风险文化理论

风险社会理论与风险文化理论主要关注社会对风险的认知和反应。它强调社会是一个充满各种潜在风险的地方，而人们对这些风险的感知和态度构成了一种风险文化。这种文化影响人们如何看待和处理风险，包括风险的接受程度、风险管理的方法以及社会对风险的讨论和决策。

风险社会理论认为，当前世界正经历社会演进的关键时刻，即使是先进的西方资本主义国家，也难以回避这一发展阶段。从现代社会到后现代社会的过渡可能导致社会内部结构的不稳定，这一问题应引起各个国家的警觉。尽管人类普遍认为已经取得高度文明，但却需认识到冒险行为可能引发无法预知的社会风险，我们应认识到这种后果的严重性。这将影响每个人和社会群体的发展趋势，尽管有些人可能认为这种观点夸大其词，但对于社会的进步和稳定以及可持续发展，危机感和风险预防具有重要意义。风险社会理论具有三个关键特征。一是界定了现代社会和未来社会结构的质量，关注全球化背景下现代化发展的问题，强调新兴技术和社会制度给人类生存与发展带来的危机，提出对当前社会发展中新潜在问题的警示，保持持续的警觉。例如，文明的火山、全球风险等观点。二是反思现代性的内在特点，认识多样化发展及其可能性，倡导反思，提出建设性建议，具有社会批判性思维。三是从宏观历史经验批判性地审视现代性问题，逐步深入制度完善和文化建设中，充分发挥社会政治效能，通过深化改革和全球合作，调动个体政治意识，积极承担社会责任，加强政治对财富和科技发展的引导，实际运作以实现有效的现实目标[36]。

风险文化理论从理性认识方面对现代化进行比较，着重于确定风险应由谁承担，而不是风险自身。由于社会中个体的复杂性，界定和规避风险非常困难，因而研究应该围绕在本质上与风险相联系的一系列社会发展中存在的现实问题。不同职位、收入的人对待风险的态度以及他们的风险可承受能力都不尽相同，但共同之处在于人们都在寻求一种新的生存方式来适应当前社会发展阶段的风险环境[37]。

（二）复杂系统理论

复杂系统理论是系统科学中的一个前沿方向，它是复杂性科学的主要研究任务。复杂性科学被称为 21 世纪的科学，它的主要目的是揭示复杂系统的一些难以用现有科学方法解释的动力学行为。与传统的还原论方法不同，复杂系统理论强调用整体论和还原论相结合的方法去分析系统。

复杂系统理论认为社会本质上是一个开放演化、具有耦合作用和适应性的复杂网络，因此，社会治理是一项庞大而复杂的系统工程。在复杂系统中，风险不仅受单一事件或因素影响，而是由多个因素和过程相互关联而形成的。复杂系统为理解风险的多维性和复杂性提供了深刻的理论视角，也提供了更全面的方法来管理和应对风险。

复杂系统具有多层次、多功能的结构，但这种结构并不是一成不变的，相反，其在发展过程中能够不断地学习并对自身结构进行完善或重组。复杂系统是开放的，能够不断从周围汲取信息，并朝着适应环境的方向发展。现如今，由于科学技术的发展，人与人、物与物之间的关联变得更加紧密。同时，由于大国之间的博弈以及疫情等"黑天鹅"事件的发生，周遭环境中的不确定性成分不断增多。原有的复杂管理系统的结构特征、基本性质以及演化机理也可能会随之变化[38]。复杂系统理论在风险管理领域的应用越来越凸显其价值。

（三）风险统治、规制与治理理论

风险统治、规制与治理理论关注政府、组织和社会如何管理与规制风险。它探讨了不同机构与利益相关者在决策和实施风险管理政策时的职责和权力。该理论强调了风险管理是一个复杂的政治过程，涉及权力、利益和价值观的博弈，而不仅仅是科学和技术问题。

风险统治理论主要讨论的是在主观的社会生活构建中，如何运行各类与人相关的专业风险训练、规章制度和组织机构。"统治"长久以来被人们定义为对国家或社会的控制。风险和权力互相依赖、联系，在权力下可以认为所有事物表象都是风险，也可以认为是"零风险"，因此，权力对于风险的存在有直接的影响。福柯指出所有政府部门的规章制度、政策法规都是为规避风险而设，风险依赖于规章制度和组织结构，风险和规章制度、政策法规同时存在，缺少任何一方，另一方则不存在或者说没有存在的意义[39]。

风险规制理论是指在当今社会形势下，风险是社会的重要属性，避免风险是我们的主要目的。不同类型的风险需要不同的具体限制政策和方法，所以风险规制理论需要与实际问题结合起来分析。在政府管理的范畴内，应该重视从实际出发，分析解决问题，完善风险管理办法和机理，实现有效避免风险的目的[40]。

福柯认为风险的分析、控制主要归结为政治和管理两方面，这就是著名的福柯风险治理理论。治理表现为经验层面的结构与行动，同时也具有内在的目标导向与精神内核，这两个层面是相互体现、相互建构的。他认为掌握知识才能更好地驾驭权力。在现代性的理性计划启蒙运动下，福柯明确反对现代性与人的发展和解放相联系，在研究现代监狱制度产生的历史中，他深刻地指出，现代性只是一种新的统治方式，衍生一系列事物如理性主体、客观知识等，这是在一定历史环境下社会权力的果实。后来埃瓦尔德对福柯风险治理理论的核心思想进行了本质上的揭示，他认为福柯想要说明的是权力和知识的相互作用在社会发展过程中的体现。福柯的风险治理理论在现代社会发展过程中起到了承上启下的关键作用，人类在治理国家及个人在发展的过程中，充分认识到了知识的力量，以及如何使知识和权力共同发挥治理作用，它要求无论是国家和个人，都必须要有风险理性判断[41]。

二、国际贸易理论

国际贸易理论经过两百多年的研究演化，经历了五个阶段：古典贸易理论、新古典贸易理论、新贸易理论、新兴古典贸易理论和新新贸易理论[42]。1776年，受生产分工理论的影响，亚当·斯密[43]在其出版的《国民财富的性质和原因的研究》一书中提出了绝对优势理论，成为自由贸易理论的创始者，这标志着国际贸易理论正式诞生。他认为自由贸易会引起国际分工，国际分工的基础是有利的自然禀赋，或后天的有利生产条件。它们都可以使一国在生产上和对外贸易方面处于比其他国家绝对有利的地位。如果各国都按照各自的有利的生产条件进行分工和交换，将会使各国的资源、劳动力和资本得到最有效的利用，进而大大提高劳动生产率和增加物质财富。该理论的提出虽然首次阐释了国际贸易和分工产生的动因，对当时各国的外贸政策产生了深远影响，但该理论忽视了现实情况中贸易也可能会发生在分别具备绝对优势和不具备绝对优势的两个国家间[44]。因此，大卫·李嘉图[45]在1817年《政治经济学及赋税原理》一书中首次提出了以自由贸易为前提的比较优势理论。该理论坚持国家贸易应该各取所长，出口"比较优势"产品，进口"比较劣势"产品，通过国际分工合作，实现国家间的互利共赢。

新古典贸易理论的代表性理论包括1933年俄林（Ohlin）在其《区际贸易和国际贸易》中提出的要素资源禀赋理论［H-O（Heckscher-Ohlin，赫克歇尔-俄林）

模型][46]。该理论认为每个国家所拥有的生产要素丰富程度差异导致了比较优势的产生，当一个国家密集地使用了国内较为丰富的生产要素生产某一产品，便可以在生产此种产品时拥有比较优势。此外，各学者在 H-O 模型的基础上发展出了许多重要的定理，其中最典型的是斯托尔珀-萨缪尔森定理（Stolper-Samuelson theorem）[47]、要素价格均等化定理（factor price equalization theorem）[48]和罗伯津斯基定理（Rybczynski theorem）[49]。

二战结束后，国际贸易领域出现了发达国家间贸易占比较大的现象。以林德尔、克鲁格曼等为代表的一批经济学家提出了"规模经济"、"产品差异"和"不完全竞争"等新理论，解释了国际贸易中出现的垄断竞争、产业内贸易等新现象，被称为新贸易理论。其中，最具代表性的理论有基于外部规模经济的新马歇尔模型、基于内部规模经济的新张伯伦模型和古诺双头垄断模型[50]。

20 世纪 80 年代以来，以澳大利亚华人经济学家杨小凯为代表的一批经济学家用非线性规划和其他非古典数学规划方法对古典经济学中的分工与专业化进行了深入研究，弥补了新古典经济学的不足，并发展出新兴古典经济学，使经济学的研究对象由给定经济组织结构下的最优资源配置问题转向技术与经济组织的互动关系及其演进过程[51]。其代表性理论是内生比较优势理论，该理论认为比较优势可以通过后天的专业化学习或技术创新与经验积累人为创造出来，其中专业化分工导致的人力资本与知识的积累会产生内生比较优势[52]。

20 世纪 80 年代克鲁格曼、赫尔普曼和兰卡斯特（Lancaster）等学者提出新贸易理论的静态模型，90 年代格罗斯曼和赫尔普曼等学者推动了基于内生增长理论的动态贸易模型的进一步发展；21 世纪，异质性企业贸易理论和企业内生边界理论成为新新贸易理论中被广泛使用的代表性理论[53]。该理论较新贸易理论而言"新"在不完全竞争与规模经济的假设，同时又引入企业异质性[51]。

三、社会网络理论

社会网络理论基于图论，通过揭示各组成要素之间的关系，将复杂系统转化为点与边的网络结构。该理论包含四个核心观点和一个核心概念。

第一，基本观点是指在社会情境中，人们因彼此之间的纽带关系而以相似的方式思考和行动。社会网络理论研究已确立的社会行动者之间的关系或纽带，从而解释他们的社会行为[54]。该理论可应用于微观和宏观层面上的组织现象分析。微观层面包括领导力、工作团队、权力、信任、员工离职等方面，宏观层面包括企业间关系、组织联盟、网络治理等。

第二，社会网络理论的核心假设是嵌入性。嵌入性指的是行动者意图在某社会网络中持续存在，行动者随时间推移不断创造、更新和拓展网络关系的倾向[55]。

与普通的网络关系相比,富有嵌入性的社会网络关系由于行动者之间的高度信任、频繁的信息交流和灵活的问题解决能力而更加强大[56]。

第三,社会网络中的行动者具有长期的网络聚合、连通性和趋中性的特征[57]。

第四,社会网络连接的社会效用性指的是行动者所创造的网络关系给其自身重要的组织产出带来的机遇和挑战[58]。个体或组织与其他个体或组织之间唯一的关系可以为其提供高质量的信息和资源渠道,从而为实施控制带来更多机会。

此外,社会网络理论还包括一个核心概念,即"中心度"。中心度指的是位于社会网络最核心位置的节点具有最大的利益。社会网络中的行动者通常通过其在社会结构或社会网络中的位置来获取相应的社会资本[59]。

社会网络通过对复杂系统的拓扑结构和动力学进行研究,来深入了解复杂系统的性质与功能,是对复杂系统研究的新角度。现阶段,随着大数据时代的来临,社会网络理论已经广泛应用于国内外现实复杂系统的研究中,包括社会交往、信息传递、秩序调控、经济管理等。具体应用领域包括以下几个方面:社会系统中的朋友关系网络、人际关系网络、科学家协作网络、企业联盟网络,生物系统中的基因调控网络、新陈代谢网络、神经网络,生态系统中的食物链网络,信息系统中的万维网、引文网络,交通运输系统中的地铁线路网络、航空线路网络、高速公路网络,科技系统中的电力网络、无线通信网络、因特网,经济系统中的创新网络、贸易网络等。通过在实际网络中验证相关理论和方法,有助于人们更有效地设计、分析和控制与日常生活息息相关的网络系统。

四、资源稀缺理论

稀缺性(scarcity)是指个人或社会的资源供应无法满足人类的需求。20 世纪 60 年代,发达国家工业经济的迅猛发展使人类面临累积性的工业环境污染,环境和资源的双重压力对传统资源稀缺理论提出挑战,因此现代资源稀缺理论应运而生。现代资源稀缺理论有别于传统资源稀缺理论的特点在于,它认为资源的稀缺是绝对与相对的统一,当环境质量恶化呈现出质的不可逆性时,资源就表现为绝对的资源稀缺[60]。20 世纪 70 年代以来,联合国多次就人类环境问题等向全社会发出呼吁。1972 年《联合国人类环境会议宣言》呼吁世界各国政府与人民共同努力来维护和改善人类环境。罗马俱乐部米都斯等专家递交的《增长的极限》这一研究报告使得联合国意识到资源安全的重要性,该报告基于系统动力学方法,将全球性问题归结为世界人口、粮食供应、工业增长、环境污染、不可再生资源五大方面。为避免因超越地球资源极限导致世界崩溃,最好的方法是限制增长。该报告引发了人们对于资源尤其是可耗竭性资源的利用和保护问题的深刻关注。马尔萨斯的"资源绝对稀缺理论"和李嘉图的"资源相对稀缺理论"为合理利用资源提供了途径，但是穆勒在《政治经济学原理》中，揭示了资源绝对稀缺理论的缺陷，他反对无止境地开发自然资源，认为自然资源存在极限，其中的自然环境、人口和财富应保持在一个静止稳定的水平，并且这一水平要远离自然资源的极限[61]。

自然资源各个组成部分在生态系统中既相互联系，又相互制约，共同构成一个有机整体，其具有稀缺性，尽管物质、空间和运动是无限的，但在一定时空范围内人与资源的关系是有限的。其稀缺性体现在资源量的恒定性和资源分布的不均匀性上。一般来说，自然资源的开发、保护和管理权属于各国自己的主权，一个国家/地区对自然资源开发利用所造成的后果往往会超出其国界范围而影响世界其他地区，由于其具有较大的外部性，一个国家的资源政策和贸易价格往往会产生世界性的连锁反应。

五、全球化与"逆全球化"

全球化是指超越国界的现代化生产，通过全球产业链、价值链和供应链等传播介质，形成世界范围的分工、贸易、要素流动的"时空压缩"现象。纵观百年来的世界现代经济发展历史，曾先后出现了三次全球化，每一次全球化的加深和转变都促进了各国经济贸易投资的一体化，同时也助推了三次工业革命，将全球经济增长带至小高峰。①第一次全球化：1870~1913 年，世界经历了第二次工业革命，随着殖民主义达到顶峰，进入帝国主义时代，爆发第一次世界大战，这次大战中断了世界性的全球化。②第二次全球化：1950~1990 年，二战后美国和苏联以军备竞赛为背景，展开了两大市场内部的跨国分工与合作，并在建立以美元为中心的布雷顿森林体系的基础上，相继建立了世界银行、国际货币基金组织、联合国等一系列全球化机构。③第三次全球化：1990 年至今，其中可以分为两段，上半段是截至2008 年全球金融危机爆发，上承第三次工业革命（信息革命）；下半段是自 2008 年至今，下启第四次工业革命（互联网革命）[62]。全球化时代的国家经济发展与国民福祉离不开保持和发展竞争优势。随着国际联系日渐紧密，国际化分工渐趋深化，世界各国经济已经发展成"你中有我、我中有你"的高度融合关系。在国际化分工过程中，占领市场、推动就业、获得利润、实现发展是各国追求的共同目标，而这一目标的实现在一定程度上与产业竞争优势息息相关。因此，发挥比较优势、形成竞争优势、实现优势转化对于推动经济增速发展具有重要意义[7]。

自 2008 年金融危机后，全球经济增速放缓，全球经济陷入持续结构性低迷，同时，随着利益分配格局的变动，发展中国家逐渐成为经济全球化的主要受益者，发达国家的受惠程度逐渐下降，全球多边机制发展面临阻滞[63]，导致整体上发达国家倾向于实施"逆全球化"政策，以期获得更多的经济利益。这表现在全球贸易政策、投资政策、移民政策和监管政策等方面。特别是自 2016年以来，英国脱欧公投、美国总统特朗普实施的一系列保护主义政策，以及中美贸易摩擦的升级等事件，都反映了"逆全球化"的趋势[64]。

　　近年来，世界范围内的"逆全球化"思潮汹涌。面对不同国家间的发展不平衡，不同收入水平、群体间的贫富差距日益加大，越来越多的人开始反思曾经受到热烈追捧的全球化浪潮，质疑全球化的声音和力量越来越强。当全球化的大潮遭遇"逆全球化"的险滩，更需要中国扛起"新全球化"的大旗[65]。

第二节　相关概念解析

一、锂产业链

　　产业链是某一产业内部围绕产品或服务，以产业分工协作为基础，以产业横纵联系为纽带，以企业为节点的链网状产业组织系统，包括产品链、供应链、价值链、技术链和空间链五个维度[66]。产业链架构包括"资源开采—精炼加工—终端应用"，在横跨多个行业的同时也涉及复杂的贸易流动[67]。本书主要聚焦产业链中的产品链，从产品生产视角出发，研究产业链中从自然资源到中间产品再到消费品的环节。

　　锂作为自然界最轻的金属元素，素有"新能源金属""工业味精"等美誉，广泛应用于玻璃、陶瓷、金属冶炼、润滑剂和军事等领域。近年来，伴随着科技巨大发展的需求提升，锂资源在电子产品、新能源汽车和电池储能等领域展现出巨大的应用前景。锂产业已经成为世界各国竞相发展的新兴朝阳产业[68]。

　　锂产业链是包括锂资源开采、加工、制成产品、消费在内的一条清晰完整的产业链结构，主要由上游、中游和下游组成。上游是锂资源开采，包括从锂矿石或盐湖中提取出的初级锂产品；中游主要是经过加工之后得到的锂制品，主要包括氢氧化锂、工业级碳酸锂、电池级碳酸锂及其他深加工产品；下游即锂产品的应用端，包括锂电池、消费电子、新能源汽车等终端消费领域。锂产业链结构如图 2.1 所示。

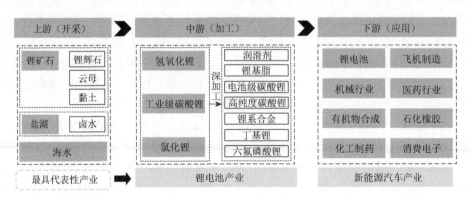

图 2.1　锂产业链结构

资料来源：根据 Zhou 等[69]的研究绘制

二、风险

风险是指一种可能导致损失的潜在状态，它存在于我们周围，无法完全消除，但我们可以努力控制其发生的频率和造成的损失。风险管理是一种处理风险的过程，包括风险的识别、评估和控制。首先，风险识别是通过感知、归纳和判别的方法来辨识当前和潜在风险的本质属性，是风险管理的前提条件。其次，风险评估是通过定性或定量分析，或者两者结合的方式，来综合评估已辨识的风险可能带来的后果和影响程度。最后，风险控制涉及选择科学的风险管理技术，通过制定合理的控制措施来降低风险发生的频率，减少可能造成的损失。

第三节　国内外相关研究动态

一、贸易网络

贸易网络是指运用网络分析法对国际贸易关系进行研究与评估，Snyder 和 Kick[70]论证了贸易网络具有"核心—半边缘—边缘"的结构特征，为研究贸易集聚、贸易分布等提供了新的研究视角和研究方法。在国际贸易网络中，参与国是网络的节点，国家间的贸易流动是网络的边，边的方向代表进出口，贸易额或者贸易量作为边线权重，通过社会网络分析法可以对国际贸易网络的表现特征、社区分布、演化趋势等进行综合反映[71]。关于国际贸易网络的研究主要聚焦在以下内容。①贸易网络构建方法研究：Peng 等[72]通过无权网络模型刻画了 2013～2017 年液化天然气的全球运输网络；Li 等[73]通过加权有向网络构建了 1992～2016 年"一带一路"共建国家间管道天然气和液化天然气的贸易网络；程静静和樊瑛[74]通过最小生成树与设立阈值相结合的方法构建了产品网络，然后运用加权极值优化算法进行了产品分类，研究产品集群的演化规律。②贸易网络演化规律研究：马述忠等[75]对 1996～2013 年全球农产品贸易格局从网络中心性、网络联系强度和网络异质性三个维度进行了研究；Zuo 等[76]对 2005～2020 年稀土产业链全球贸易网络格局演化进行了动态对比和分析，并得出新冠病毒感染引发的全球大流行加剧了全球贸易格局的重塑。③贸易网络影响因素研究：经济发展水平、边境效应、国家规模、地理距离、文化差异、要素禀赋差异、贸易政策等是影响贸易网络的重要因素，潘安和刘红[77]基于 2013～2019 年的双边服务贸易数据分析了"一带一路"共建国家服务贸易网络的结构特征，并采用块模型分析了其影响因素；王介勇等[78]解析了小麦、水稻、玉米的全球贸易网络格局及特征演化，并采用二次指派程序（quadratic assignment procedure，QAP）分析法揭示了经济社会发展差异性、贸易政策一致性和语言文化邻近性等对贸易网络的影响。④区域内贸易网络研究：部分学者多关注特定区域内的产品与产业贸易或多区域的对比分析，如欧盟[79]、亚太地区[80]、"一带一路"共建国家[81]、金砖国家[82]、东盟[83]、G20 国家[84]、RCEP（Regional Comprehensive Economic Partnership，《区域全面经济伙伴关系协定》）成员国[85]等。⑤产业或产品内贸易网络研究：部分学者研究贸易网络多选取某种商品作为切入点，比如粮食[86]、矿产[87]、能源[88]等；还有部分学者会以产品为基础扩展为该行业的格局演化分析，如制造业[89]、金融业[90]、汽车行业[91]、纺织业[92]等；此外，一部分学者会选取多个产品或多个行业进行对比，通过研究不同产品或产业的异质性来挖掘导致其差异性存在的原因。庄德林等[93]构建稀土初级加工品、中级加工品和制成品贸易网络，运用社会网络分析法和动态指数随机图模型对稀土贸易网络结构演变特征及其影响机制进行对比分析。

根据资源依赖理论，国家之间有着密切的贸易关系，这些复杂的贸易联结形成了网络结构，国际贸易解决了矿产资源供需不平衡的问题，促进了国家间的相互交流，保障了国内经济发展[94]。

二、韧性

韧性（resilience）来源于拉丁语"resilio"，其本义为"恢复到原始状态"，韧性的概念最初来源于机械学，表示外力作用下材料抗压和恢复的能力。韧性的研究视角经历了从"工程韧性"到"生态韧性"再到"社会-生态系统韧性"（即"演化韧性"）的转变[95]（表 2.1）。20 世纪 50 年代，韧性最初被西方心理学用于研究精神创伤问题[96]，直到 20 世纪 80 年代，对韧性在心理学领域的关注才开始逐渐增加[97]。随后，1973 年，生态学家 Holling 将其应用于生态学，并明确了其定义：研究对象对外部冲击的吸收能力[98]。随着韧性概念逐渐受到生态学和环境科学领域学者的广泛关注，其概念内涵相较于传统的工程韧性得到了深化与外延，所谓的系统只存在一个平衡状态的想法被突破[99]。自 20 世纪 90 年代以来，对韧性的研究继续扩展至复杂的社会生态系统中，并将其广泛应用于经济[100]、社会[101]、生态[102]、工程[103]或多系统耦合[104]等领域，韧性的概念界定也逐步外延，从传统的恢复力和持久力转变为强调系统改变其结构和功能以适应、调节外部变化的能力。在组织领域，韧性着眼于组织保持或恢复稳定状态的内在能力，从而使其能够在发生破坏性事件或存在持续压力的情况下继续正常运营[105]；在社会领域，韧性着眼于个人、群体、社区和环境的复原能力，即应对能力、适应能力和改进能力[106]；在经济领域，韧性被描述为使企业和地区避免最大潜在损失的内在能力和适应性反应[107]；在工程领域，韧性被定义为系统在存在干扰和不可预测的变化时调整其功能的内在能力[108]。

表 2.1　韧性研究视角及阶段特征

研究视角	平衡状态	目标	理论	系统特征	内涵
工程韧性	单一稳态	恢复初始稳态，重恢复速度	工程理论	有序、线性	系统受到扰动偏离既定稳态后，恢复到初始状态的速度
生态韧性	多个稳态	塑造新的稳态，重缓冲能力	生态学理论	复杂、非线性	系统改变自身结构和功能之前所能吸收的扰动的量
演化韧性	不再追求稳态	重系统持续适应能力和反思与创新能力	系统论	混沌	韧性与持续调整的能力息息相关，是动态的系统属性

资料来源：根据文献资料[109]整理

　　系统韧性通常通过韧性曲线来表示（图 2.2），一般而言，系统性能将会在受到突发事件冲击之后降低，然后再恢复，在这种情况下，真实世界的系统性能变化可能非常复杂，因此可以通过几个不同的阶段来近似：准备阶段 S1、吸收阶段 S2、恢复阶段 S3 和适应阶段 S4[110]。其中，准备阶段旨在避免和抵御潜在中断风险；吸收阶段指有适当的干预机制来降低风险带来的性能下降的影响，从而避免级联影响；恢复阶段指建立风险管理方法以快速响应并将所有系统操作和服务可用性恢复到事件前的容量和效率；适应阶段指系统通过从事件中学习与评估来修改其配置、训练机制和功能等以增强其适应能力，使其更灵活地应对未来的中断[110-112]。

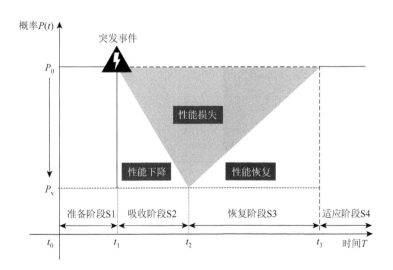

图 2.2　系统韧性曲线

资料来源：根据 Poulin 和 Kane[113]的研究绘制

　　韧性作为风险管理的新视角之一，其大量研究聚焦于区域韧性研究，其中，城市韧性的研究聚焦于单一灾害或特定行业，如减灾[114]、生态[115]、交通[116]、基础设施[117]、经济[118]、贫困[119]、疾病[120]、公共治理[121]、农业[122]等。从系统韧性视角出发对资源安全展开的研究目前仍然十分有限，主要集中于能源系统韧性，且都散见于能源系统的各个研究方向，其中，最主要的研究领域是电网。表 2.2 列举了城市能源系统遭受冲击的案例研究。现有文献中关于能源系统韧性的定义一般都会涉及复杂系统和中断风险等内容，国际能源署给出了最为广泛接受和使用的能源系统韧性的定义：能源系统及其内部组件在维持其基本功能、特性和结构的前提下应对危险事件或趋势的能力，同时包括系统适应、学习和转变的能力[123]。能源是社会经济系统的重要组成部分，能源供应中断可能会造成 1%～2%的国家发展潜力的损失，并对经济的有效运作造成严重影响[124]，当系统受到一个或多个突发事件的威胁时，国家的能源安全将面临巨大挑战，鉴于能源与其他系统间的耦合关系，研究能源韧性极具现实价值。同样而言，资源韧性对于国家的资源安全、经济社会的发展也具有重要的研究价值。

表 2.2　城市能源系统遭受冲击的案例研究

威胁	案例	结果	参考文献
极端气候事件	2000 年的巴西干旱	干旱削减水力发电厂和热电厂的发电能力	[125]
	2014 年菲律宾的"黑格比"台风造成的停电和物理损坏	能源供应、传输和分配中断，对生产力和经济发展产生影响	[126]
	2003 年俄亥俄州输电系统因高温引发崩溃	需求激增导致中断	[127]
能源市场波动	20 世纪 70 年代的能源危机	能源贫困影响低收入群体	[128]
	石油峰值预计将在 2015 年之前出现，而天然气峰值预计将在 2030 年之前出现	引起能源安全问题和价格波动	[129]
	人口增长、城市化和生活方式的改变	预计能源需求将显著增加，这将影响能源的可用性、可及性、可负担性和可接受性	[130]
	部分发展中国家大量消耗非清洁和低效燃料	无法获得高效和清洁的能源，从而对健康、污染、经济增长、能源消耗等产生影响	[131]
	贫民窟和非正规住区发生多起窃电事件	偷电会影响能源的可用性	[132]
技术缺陷	福岛核事故	导致级联故障	[133]
	低效基础设施导致能源和资源的损耗增加	缓解热压力需要消耗更多能源	[134]
地缘政治	俄罗斯与其邻国的能源冲突	不稳定的能源供应	[135]
外部攻击	恐怖主义破坏	能源供应、传输和分配的中断对能源市场产生巨大影响	[136]
	2010 年震网（Stuxnet）病毒袭击伊朗核电站	能源系统对信息与通信技术（information and communication technology，ICT）的依赖使其网络更易受攻击	[137]

资料来源：根据文献资料整理

　　资源系统面临多方挑战与多种威胁，缓解这些外部压力需要采取针对性甚至是相互矛盾的措施。系统内部的改变可能提高其抵御威胁的韧性，同时也可能降低其韧性，因此，需要对威胁来源进行全面把握，系统才能适应性地应对不同的威胁。Jasiūnas 等[123]针对能源系统、环境、能源-环境的交互影响等绘制了其威胁源的框架，这对我们深入认识资源韧性具有一定指示意义。一般而言，韧性评估方法包括定性评估和定量评估。其中，定性分析倾向于在没有数据的情况下评估系统韧性，它包含提供最佳实践的概念性框架和基于不同专家评估的半定量指数；定量分析包括通用的指标评价法和基于结构建模分析[138]。表 2.3 列出了部分基于不同方法的韧性研究文献。其中，指标评价法是最广泛应用的研究方法，学者根据城市特性构建具体的指标评价体系，并采用层次分析法、熵值法、投影寻踪法等主观、客观分析方法确定指标权重，从而量化韧性水平。例如，美国多学科地震工程研究中心[139]提出了"技术-组织-社会-经济"思维韧性评价模型；陈晓红等[140]构建了包括生态韧性、经济韧性、工程韧性和社会韧性的城市灾害韧性评价体系；周利敏[141]构建了考虑经济、组织、基础设施、气候灾害在内的城市韧性评价体系；Zhang 等[142]基于中国 31 个城市案例验证了其构建的灾前准备、灾害响应、灾后恢复的三阶段城市韧性评估模型。

表 2.3　韧性相关研究列举

参考文献	定性分析		定量分析					研究对象
	概念性框架	半定量指数	通用性韧性指标		基于结构建模分析			
			确定性	概率性	优化	模拟	模糊分析	
Speranza 等[143]	◎							社会-生态
Labaka 等[144]	◎							核电厂
Vlacheas 等[145]	◎							电信网络
Cutter 等[146]		◎						自然灾害
Pettit 等[147]		◎						供应链
Shirali 等[148]		◎						工业
Bruneau 等[149]			◎					社区
Zobel[150]			◎					灾害韧性
Cox 等[151]			◎					交通安全
Chang 和 Shinozuka[152]				◎				社区
Hashimoto 等[153]				◎				水资源系统

续表

参考文献	定性分析		定量分析					研究对象
	概念性框架	半定量指数	通用性韧性指标		基于结构建模分析			
			确定性	概率性	优化	模拟	模糊分析	
Faturechi 等[154]					◎			航道网络
Albores 和 Shaw[155]						◎		资源分配
Muller[156]							◎	城市基础设施

资料来源：根据文献资料整理
注：◎表示文献所用的方法

近年来，韧性开始逐步与城市和区域相结合，学者从经济、社会、工程和生态等领域对区域韧性展开综合研究。Foster[157]指出区域韧性是区域在面对外部干扰或冲击时所体现出来的参与、准备、应对和修复的能力。其中，网络结构韧性也逐渐成为区域韧性的重要评估手段。网络结构是网络的构成要素（节点、边等）在空间中所呈现出的状态，节点位置、连接状况、路径长度、网络密度、聚集性等结构属性的差异直接影响网络功能和韧性[158]。不良的网络结构在面对扰动和冲击时会快速崩溃，但优良的网络结构能够快速吸收冲击并高效恢复以维持网络的"鲁棒性"[159]。目前尚未形成统一的网络结构韧性评估方法，但学者借助复杂网络理论对交通运输网络[160]、企业网络[161]、知识创新网络[162]等多种网络结构韧性展开了相应的研究。层级性、匹配性、多样性、传输性等指标被用于评估网络结构韧性（表2.4）。

表2.4　网络结构韧性评估文献总结

参考文献	研究网络	网络结构韧性评价指标
魏石梅和潘竟虎[163]	城市网络	层级性、匹配性、传输性、多样性
谢永顺等[164]	哈大城市带	层级性、匹配性
赵渺希等[165]	城市群网络	自容性、联系强度、对称性、层级性、网络密度和网络发育程度
冷炳荣等[166]	城市群网络	度及强度分布、聚类系数和平均路径长度
方大春和孙明月[167]	城市群网络	网络密度、中心性、凝聚子群
吴康等[168]	城市经济联系网络	度值相关指标、聚性相关指标、平均路径长度、匹配性
彭翀等[169]	长江中游城市网络	层级性、匹配性、传输性、集聚性
路兰等[170]	城市网络	传递性、多样性和中心性
侯兰功和孙继平[171]	成渝城市群	网络密度、平均路径长度、度分布曲线斜率、"核心—边缘"拟合度

资料来源：根据文献资料整理

在关键矿产研究领域，韧性逐渐成为热点研究话题之一，韧性分析有助于研究在短期和长期锂供应链供需风险的相互作用以及锂供应链维持系统平衡的能力。此前的研究从不同角度评估了各种矿物的供应风险：地质[172]、地缘政治[173]、经济社会[174]、可持续性[175]等，这些概念大多是静态的。Dewulf 等[176]指出韧性应该成为未来关键矿产研究的核心指标之一，因为其充分考虑了动态性。为此，Mancheri 等[177]基于系统动力学，分析了在供应多元化、材料替代、回收和储存等韧性提供机制下钽资源供应链的韧性波动情况，Jiang 等[178]基于 2002～2018 年中国矿产资源行业供需数据，采用系统动力学模型模拟了矿产资源行业、采矿业、冶炼加工业在稳态情景下的供应链弹性。于娱等[179]模拟了中断情景下的铁矿石产业链韧性变化情况，并分析了关键节点的抗干扰水平。Zhou 等[180]基于系统动力学模拟了新冠病毒感染引起的短期冲击对国内锂供应链安全的影响；Shao 和 Jin[181]以新能源汽车的需求冲击和供应中断风险增加为切入点，采用系统动态建模的方法对锂供应链韧性进行分析、评估和场景仿真。沈曦等[32]以镍矿产品为例，基于复杂网络模拟分析了突发风险对网络节点韧性的影响。

三、网络脆弱性

与韧性相近的还有脆弱性（vulnerability）这一概念，它们的内涵有重叠的部分，但又各具特点。它们都描述了复杂系统在面对扰动时的性能变化，但是韧性的内涵更具体，不仅包括系统抵抗扰动的能力，还包括系统从扰动中恢复的能力。脆弱性概念出现于 20 世纪 60 年代，最初主要应用于自然灾害领域，用于识别和预测其对潜在受灾地区的影响[182]。直到 20 世纪 90 年代，脆弱性开始成为全球环境变化研究中的重要课题之一，包括灾害管理[183]、公共健康[184]、气候变化[185]、生态环境[186]、供应链管理[187]等。脆弱性逐渐成为地理学、资源科学等学科诠释人类活动及人地相互作用机制的重要途径[188]。Gu 等[189]对比了脆弱性和韧性的异同，脆弱性指偶发性的扰动可能造成的最恶劣影响，即当偶发性扰动发生后网络性能与期望的服务水平之间的最大偏离幅度，韧性则是包括系统受偶发扰动影响到影响消散的性能恢复的全部过程。韧性表示为系统性能从下降到恢复至期望的服务水平所围成的三角形区域，即"韧性三角形"。利用复杂网络理论方法对网络脆弱性进行研究是网络科学在运输、贸易、城市、信息等领域的广泛实践。网络脆弱性通常定义为网络面对极端扰动时的敏感程度和失效倾向[190]，其往往被量化为极端事件造成扰动发生前后的网络结构功能性变化，变化幅度越大，网络越敏感，网络越脆弱[189]。根据研究的切入点，现有网络脆弱性研究可以细分为基于拓扑结构的脆弱性研究和基于系统的脆弱性研究两类。

在基于拓扑结构的脆弱性研究中，网络效率和连通性是两项重要的性能指标，网络效率是平均网络最短距离的倒数，平均网络最短距离越小，网络效率越高，网络中节点间的连通性就越好，相应地，网络性能也就越好。在风险识别过程中，可以通过分析脆弱性曲线的变化规律来厘清造成网络性能显著下降的具体指标。该方法可以分别移除网络中的节点或边，再各自独立地衡量移除这些网络构成所造成的损失，其中造成性能损失最大的构成即为最重要的节点或边，该方法可以直观地衡量一个网络中的重要节点或边[191]。根据这一性能指标，基于拓扑结构的脆弱性可以量化为 V^T：

$$V^T = \frac{E^a}{E^0} \qquad (2.1)$$

其中，E^0 和 E^a 分别表示发生极端事件前后的网络效率。

基于系统的脆弱性研究更侧重于网络的功能性，即极端事件发生前后网络可以满足需求的相对变化。网络流是反映网络性能的最佳指标[192]。在此类研究中，网络性能用一个数学模型来表达，一般表示为网络的最小费用，而极端事件的影响则在模型中表达为对最小费用流可行域的影响。基于系统的脆弱性可以量化为 V^F：

$$V^F = \frac{\text{Cost}^a}{\text{Cost}^0} \qquad (2.2)$$

其中，Cost^0 和 Cost^a 分别表示发生极端事件前后的总广义费用流。

目前，许多学者广泛研究了网络脆弱性问题，主要关注交通网络、航运网络、信息网络、创新网络等各种网络结构。通过深入研究网络脆弱性，可以帮助决策者有效地识别网络潜在风险，并制定合理的政策和预案来规避风险并优化现有网络。目前的网络脆弱性评估主要涉及两种场景：随机攻击和蓄意攻击。随机攻击是指按照一定的概率随机删除网络中的节点，这种评估方法主要适用于评估随机事件对网络的影响。而蓄意攻击是指有针对性地攻击某个节点，主要适用于评估人为事件对网络的影响。通过这些研究方法，我们能够更好地了解网络脆弱性，并为决策者提供有关如何识别和处理网络风险的信息，以便制定相应的政策和预案。网络脆弱性研究大致分为如下四类。

其一，利用网络特征值对网络结构的脆弱性进行分析。彭湃等[193]构建了全球海洋货物运输网络，证明了不同货物运输模式网络符合幂律分布，并采用随机攻击和蓄意攻击策略分析了不同货物运输模式网络在不同攻击策略下的破碎过程。王列辉等[194]构建了南海周边港口的集装箱航运网络，通过网络节点指标、最短路径模拟等方法测度了网络的脆弱性，并分析了南海周边港口失效对中国的影响。

其二，计算研究网络对节点和边失效的敏感程度。王绍博等[188]以高铁网络相对完善的长三角为研究对象，通过模拟连续节点失效、单个节点失效情景下网络特征值的变化，揭示了区域高铁网络的脆弱性。何瑶等[195]基于港口中断模拟情景，运用复杂网络特征指标从网络结构和节点抗干扰性能两方面分析了 2005 年和 2017 年中国沿海集装箱港口航运网络脆弱性，并探讨了脆弱性的主要影响因素。王诺等[196]通过以 1%～10%的比例逐步删除重要节点港口来比较删除前后的网络平均度、网络聚类系数、网络孤立节点比例、网络平均距离和网络效率等特征值的变化率，以此对 2004 年和 2014 年世界主要集装箱海运网络脆弱性进行研究。

其三，构建针对不同网络的脆弱性评价框架和方法。刘昭阁等[197]考虑跨组织的知识交互共享，提出城市关键基础设施网络脆弱性关联分析的本体配置方法。Tornyeviadzi 等[198]构建了一个考虑多层网络、结构可简化和需求调整的配水网络节点脆弱性动态评估框架。Agathokleous 等[199]提出了一种基于中介中心性的配水网络脆弱性评估模型。Zhang 等[200]采用耦合水动力模型构建了城市内涝对道路网络的脆弱性分析框架，检测了不同降雨模式对城市内涝脆弱性的影响。Yu 和 Ding[201]开发了一种基于北京生产和生活部门的投入产出数据来量化区域水足迹的方法，并基于指标评价法评估了其水足迹网络脆弱性和依赖性。

其四，网络关键节点识别方法及应用研究。吴迪等[202]在考虑蓄意攻击情景下的集装箱海运网络时，关注了网络的地理空间联系变化和网络分裂过程，并提出相应的方法来识别集装箱海运网络崩溃的临界点和量化集装箱海运网络脆弱性变化趋势。程光权等[203]提出基于节点状态演化的节点重要性评估和网络结构脆弱性分析方法，并对此节点重要性评估方法进行失效分析。

四、锂资源综合风险

根据资源依赖理论，国家之间有着密切的贸易关系，这些复杂的贸易联结形成了网络结构，国际贸易解决了矿产资源供需不平衡的问题，促进了国家间的相互交流，保障了国内经济发展[94]。在矿产资源贸易研究中，学者通常根据资源的流动性展开深入研究，现有的研究大致可以分为四类。

其一，基于全生命周期分析对资源的全球流动进行研究，包括资源开采、化学生产、产品制造、产品使用和废物管理。Ziemann 等[204]建立了 2007 年包含生产、制造和使用的全球锂物质流分析模型，研究得出锂的生产和消费之间存在 4130 t 的差额。Hao 等[205]分析了 2015 年的中国锂资源物质流，研究表明，电动汽车市场的扩大可能会增加中国对锂进口的依赖，从而引发供应安全担忧。Sun 等[206]构建了与贸易相关的锂资源物质流分析框架，以分析锂资源在国家层面的生命周期和在全球层面的国际贸易流动，并指出建立国内锂回收体系的必要性和建立与贸易伙伴在锂废物管理方面的国际合作的迫切性。Sun 等[207]建立了一个长期的贸易相关物质流分析框架，以分析 1994～2015 年整个技术生命周期内锂资源的跨国流动。Liu 和 Müller[208]开发了一个与贸易相关的多层次物质流分析模型，并跟踪铝资源的技术生命周期和跨国界的物质流动。

其二，根据经验和计量分析等方法对矿产品的总体供需形势、贸易格局等进行分析。Zeng 和 Li[209]研究了中国锂的储量和需求，发现随着锂使用量的快速增加，锂的回收率至少需要达到 90%才能实现供需平衡。Miedema 和 Moll[210]调查了欧盟电动汽车的锂供应情况，预计到 2050 年锂供应量将超过 50 万 t。Hu 等[211]构建了全球铜原料和废铜的多元贸易网络，并提出了多元冲击模型来模拟中国废铜进口禁令对全球铜多元网络的潜在影响。Wang 等[212]评估了中国进口禁令对全球塑料废物贸易网络结构的直接和间接影响。

其三，基于回收角度对报废产品的材料和能量流的研究。Babbitt 等[213]认为电子垃圾回收困难以及国内基础设施不足导致发展中国家的资源流失与浪费，因此，需要进行积极的废物管理。熊新等[214]利用保有量系数法对飞机的报废量进行评估并估算飞机中有价值资源的产量。Richa 等[215]提出了一种用于估计美国因电动汽车需求增加而可能产生的锂离子电池废物量的物质流分析模型，并预测了基于"低情景"、"基准情景"和"高情景"的 2015 年至 2040 年的电池报废量，发现在美国只有 42%的金属材料可以被回收利用。Mellino 等[216]研究了锂电池驱动的电动汽车在其生命周期中造成的环境影响，并发现电动汽车通常比内燃机车对环境更友好。

其四，基于复杂网络对全球贸易格局演化和风险冲击进行分析与模拟。Shao 等[217]基于复杂网络理论对 2009~2018 年的全球锂资源进口竞争格局演化进行分析，并采用面板回归模型分析锂资源贸易网络特征对锂进口竞争格局的影响。Wang 等[218]分析了新冠疫情对全球光伏电池贸易网络的影响，发现该网络更能抵抗需求减少而不是供应减少所带来的影响。Lee 和 Goh[219]以国际贸易网络为例，通过模拟网络中的故障节点，分析了复杂网络的级联故障过程，研究表明整个网络的风险并不是单层网络的简单叠加，且网络不同层之间的相互依赖会增加风险传播的强度。Shao 等[220]构建了多元锂钴贸易网络，回顾了 2010~2019 年锂钴贸易格局的演变，探讨了锂贸易层和钴贸易层的相关性，并定量分析了锂电池低钴技术对锂钴贸易网络的影响。

第三章　全球锂产业链发展现状分析

伴随着新能源等战略性新兴产业和储能技术的发展，全球对锂资源的需求也水涨船高，锂资源成为广受关注的热点矿产资源之一，也是全球市场需求增长最快的"新能源金属"之一[221]。因此，考虑到锂产业将成为未来国际贸易、市场竞争的关键角逐点，本章基于描述性统计方法、对比分析法等，对当前全球锂产业链的供需现状进行深入剖析，同时对世界主要国家/地区的锂产业链发展现状进行梳理，通过深入对比分析，提炼出中国当前锂产业链发展的掣肘和前景，为优化产业链布局提供系统的宏观认识。

第一节　主要国家/地区锂产业链发展现状梳理

一、美国

根据美国地质调查局（United States Geological Survey，USGS）2021 年统计数据，截至 2020 年底，美国锂资源量仅占全球已探明锂资源量的 9%。受限于资源禀赋，美国锂资源的对外依赖度较高，加之其供应链外延过甚，导致美国严重依赖进口电池材料和部件，不仅存在极大断供风险，也拉高了购买成本，不利于增加本国就业。为此，拜登上台之后，美国开始加速锂产业链布局，争取在本土实现闭环供应链，从而摆脱"亚洲阴影"。

长期以来，许多发达国家把电动汽车列为主要攻克的目标，美国支持多个国家实验室和企业一起承担车用锂离子电池的开发工作。其锂电池布局技术发展较早，2009 年，美国总统奥巴马计划在 10 年内投资 1500 亿美元，用于加快插电式混合动力汽车商业化进程、扩大可再生能源的商业化规模；并于 2012 年 3 月提出"电动汽车无处不在大挑战蓝图"（EV Everywhere Grand Challenge Blueprint），推动电动汽车的普及。2013 年开始，在政策的推动下，美国三大汽车制造商（通用、福特、克莱斯勒）联合成立跨企业研究小组，加速研发下一代混合动力汽车和电动汽车动力电池技术。特朗普上台后，未重视新能源汽车产业的发展，导致美国本土锂电池产业链发展落后，从而错失先发优势、战略断层及制造业竞争力下降掣肘美国动力电池产业的发展。

根据美国能源部发布的信息，2021 年 2 月 24 日，美国拜登总统签署美国供应链行政令（Executive Order on America's Supply Chains，14017）[①]，要求对美国本土的供应链进行全面风险审查和评估，通过一定的措施提高美国本土供应链的弹性、多样性和安全性，实现美国经济繁荣和保障国家安全。2021 年 6 月 8 日，美国政府发布 100 天供应链风险评估报告，其中指出美国在高容量电池产业方向，主要风险点有上游缺乏资源加工能力；中游本土锂电池产能不足，缺乏产业政策和国家战略，缺乏一体化的国家/区域供应链、劳动力；政策环境的产业劣势等。为了促进美国本土大规模制造动力电池，响应拜登政府号召，2021 年 6 月 8 日，美国能源部公布了四项措施，包括提供 2 亿美元用于动力电池研发、提供 170 亿美元贷款、推进储能应用、由美国先进电池联盟发布《国家锂电蓝图 2021—2030》（该蓝图代表了美国政府对锂电产业链的长远规划）。规划指出，到 2030 年锂电池需求量将增长 5 倍到 10 倍，增长点主要是新能源汽车，另外在储能、飞行器和国防等方面对锂电池的需求都会增加，但是在美国本土锂电池产能供应占比不到 50%，而锂电池材料美国本土供应更少。此外，美国能源部于 2022 年 5 月 2 日在其官网宣布[222]，将拨款 31.6 亿美元用于加强美国本土电动汽车电池制造业的发展，其中 31 亿美元将用于投资新建、改造和扩建与电动汽车电池相关的设施，6000 万美元将用于废旧电池的回收和再利用。该项政策旨在唤醒并稳固美国国内供应链，减少对外依赖度，以提升其能源资源安全，同时实现运输部门脱碳化发展。《能源独立与安全法》《电动汽车普及计划蓝图》《基础设施计划》等政策的出台，促进了美国新能源汽车产业的发展。

此外，根据太平洋证券研究院整理的资料，针对锂电池产业链，美国政府提出了覆盖产业链全周期及下一代锂电池的五大目标。①上游：美国近期目标是到 2025 年，与合作伙伴/同盟国建立上游原材料供应体系，支持美国本土研发和开矿工作，并且制定相关政策；长期目标是到 2030 年，开发出不含钴和镍的锂电池，并且整合资源回收。②中游锂电池材料：近期目标是到 2025 年，出台美国本土制造电池材料的刺激政策，量产低钴或者无钴正极材料，并推动电芯成本降低到 60 美元/kW·h；长期目标是到 2030 年，制造无钴和无镍的锂电池材料。③中游电芯和锂电池组：近期目标是到 2025 年，开发新的电芯设计方案，加速新技术的应用，开发统一用于国防、新能源汽车和储能的电池尺寸，制定相关的联邦政策；长期目标是到 2030 年，能够满足各种电池需求，并且应用下一代电池材料、设计创新等，实现电池包成本再降低 50%。④下游回收：近期目标是到 2025 年，设计方便回收的电池包，低成本实现回收，提高回收率等；

---

① Executive Order 14017 of America's Supply Chains，https://www.iea.org/policies/15272-executive-order-14017-of-americas-supply-chains，2022-11-03。

远期目标是到 2030 年，出台刺激政策，实现 90%的消费，回收利用电动汽车和储能电池，并制定相关的联邦政策。⑤研发培训：近期目标是到 2025 年，支持开发无钴电池材料，加强 IP 保护，加大工人培训等；长期目标是到 2030 年，开发出固态电池和锂金属电池，成本降低到 60 美元/kW·h，并且是无钴和无镍的锂电池。

美国的锂电蓝图规划表明新能源汽车将迎来新一轮的强劲发展周期，随着动力电池的产能提升与技术进步，将为细分产业链带来一系列的催化作用和发展机会。

二、日本

日本本土的锂资源量十分有限，其产业发展主要依赖于资源进口，但是日本锂电池行业发展较早，行业发展较为成熟，日本的新能源产业技术综合开发机构（New Energy and Industrial Technology Development Organization，NEDO）自 20 世纪 80 年代开始长期稳定地支持锂离子电池的研发，制定了动力蓄电池的研发路线图和行动计划，重点关注锂离子动力蓄电池单体、模块、标准、评价以及关键原材料的研发和攻关。现在，锂电池产业链中涌现出许多领先企业。在正极材料方面，有日亚化学和住友金属矿山等龙头企业；在负极材料方面，有三菱化学和日立化成等领军企业；在隔膜方面，有旭化成和东丽等代表性企业；在电解液方面，有三菱化学和宇部兴产等代表性企业。松下和 Primearth EV Energy 是锂电池制造方面的龙头企业。此外，还有许多下游新能源汽车制造商，如本田、丰田等。根据日本文部科学省等部门发布的报告，2012 年，日本政府推出了"蓄电池战略"，以提高电池比能量为核心，计划到 2020 年使日本车用动力电池在全球市场占有 50%的份额；2016 年，日本政府开始以财政政策推动锂电池行业的发展，推出了 7790 万美元的能源效率和存储技术激励方案；2018 年，日本内阁决议批准了"第五次基本能源计划"；2020 年，日本经济产业省确定了高性能电池开发的战略方针，并以补助金形式给予支持；2021 年，住友金属矿山等 28 家企业联合成立电池供应链协会，旨在提高日本电池行业的国际竞争力，降低其生产成本的同时提高新一代电池的开发能力。毋庸置疑，日本在电池技术产业化方面占据全球的绝对优势，但是随着欧美的入局，电池行业中日韩三足鼎立的格局受到一系列冲击，尽管背靠松下这类技术突出的企业，但日本想要实现技术商业化，通过降低成本进一步提升自身的竞争优势，就目前来看仍具有一定困难。加之新冠疫情的全球大流行、贸易保护主义的抬头、地缘政治等不确定性外部因素的增加，日本的锂资源面临一定的断供危机，从而使得其产业受制于资源发展。

三、韩国

韩国是氢氧化锂的主要国际消费市场，但是其本土资源禀赋受限，使得其锂矿投资重心放在海外的南美"锂三角"，这为韩国的锂电池发展提供了便捷渠道。在芯片等 IT 产业崛起之前，韩国一直以汽车制造和造船等传统产业为支柱。然而，随着全球汽车市场迎来新能源汽车时代，韩国政府不得不支持传统制造业的汽车产业进行转型升级。相比日本，韩国的锂电池产业起步较晚，大约晚了近 10 年。在 20 世纪末，韩国几乎与中国同时开始发展锂电池产业，到了 2005 年左右，日本、韩国和中国的锂电池产业开始形成三足鼎立的态势。然而，后来韩国的锂电池产业取得了较大进展，在全球动力电池市场占据重要地位，并与全球排名靠前的汽车制造商建立了广泛的合作关系。目前，韩国不仅在中端市场上占据主导地位，而且在高端领域也迅速蚕食了日本固有的市场份额。韩国锂电池产业在过去几年取得了快速的发展[223]，根据韩国市场调查机构 SNE Research 发布的数据，2020 年，全球前十大动力电池企业出货量前十名中韩国企业有 3 家：LG 化学、三星 SDI 和 SK innovation。从出货量而言，2020 年韩国动力电池企业出货量占全球的 53%，为全球第一。

韩国的新能源汽车和动力电池产业发展较早且规模较大，政府对核心零部件体系的开发给予了重视。自 2009 年起，韩国政府开始加大对动力电池的政策支持，并相继出台了有关电动汽车和动力电池回收的政策。2010 年，韩国政府推出了"绿色车辆综合推进路线图"。2014 年，颁布了《韩国绿色环保汽车计划》，旨在推动电动汽车、混合动力汽车和氢能汽车等绿色环保汽车的发展。2018 年，韩国电池产业协会制定了"动力电池路线图"和"四大关键材料路线图"，分别设定了电池单体、正负极材料、电解液和隔膜等相关技术目标，引导动力电池产业的发展。根据 2019 年发布的《2030 未来汽车产业发展战略》，韩国政府计划到 2020 年投入 7382 亿韩元用于纯电动汽车和充电基础设施的补贴，并投入 3593 亿韩元用于燃料电池汽车和加氢站的扩建；到 2030 年，韩国的新车销售中约有 1/3 将是电动汽车或氢燃料电池汽车。从发展历程来看，韩国动力电池行业的快速发展得益于动力电池企业背后的母公司在资金实力、人才积累和政策扶持上有较大的优势。1999～2015 年，在韩国引进锂电技术后，以三星 SDI 和 LG 化学为代表的韩国企业利用财团优势和国家支持，充分发挥纵向产业链优势进行扩张，成为锂电全球化的推广者。2015 年，受到中国电池企业快速发展的影响和中国动力电池"白名单"①的限制，韩国动力电池企业市场份额有所下滑。据韩国产业通商资源部发布

---

① 该名单于 2019 年 6 月 21 日起被废止。

的数据，2022 年，韩国新能源汽车本土销量同比增加 26.8%，达 44 万辆，在汽车本土总销量中占比超两成。

四、智利

智利是全球最重要的矿业大国之一，其锂矿资源在全球占优势地位。2022 年智利锂矿已探明储量大于 930 万 t，居世界第一，占全球 2600 万 t 储量的 35.77%，其中阿塔卡玛（Atacama）盐湖的储量占全国的 81%。南美盐湖有全球最优质的卤水资源，主要集中在"锂三角"区域——智利、玻利维亚和阿根廷。2021 年南美盐湖锂资源储量合计占全球总储量的 50% 以上，供给占全球的 30% 以上。南美盐湖镁锂比低，盐湖中锂离子的浓度高，资源禀赋好，盐湖提锂成本低，是全球碳酸锂生产成本最低的地区。全球已释放产能的盐湖提锂项目主要集中在南美地区，基本已被各大矿业巨头垄断。南美盐湖主要是四家盐湖企业主导供应，2020 年产能 16.3 万 t LCE。南美盐湖产锂产品的供应商主要有四家，分别为美国雅保公司（Albemarle Corporation，ALB）、智利化工矿业公司（Sociedad Química y Minera de Chile S.A.，SQM）、Orocobre 和 Livent，其 2020 年产能为 16.3 万 t LCE[224]。

智利凭借其无可比拟的先天资源优势，手握电动汽车革命、新能源产业发展热潮的咽喉，面对蓬勃发展的锂市场，地处南美"锂三角"地区的智利等国迫切希望凭借自身的资源优势从中分一杯羹，但是其资源被各大矿业巨头垄断，资源优势未能转化为让本国受益的经济产业优势。因此，2022 年新总统上台之后的"新锂政"，意欲将锂矿国有化，尽管国有化进程受阻，但是其有意向与阿根廷和玻利维亚建立一个类似于"锂欧佩克"的锂生产国协会。在拉丁美洲新一轮政策浪潮下，智利的锂资源存在供应量减少的风险，具备海外矿山勘探权和开采权的矿商也存在资源被收回的风险。这将大大增加全球的锂矿资源供应风险，在遏阻新能源产业革命的过程中将会对日本、韩国、美国、欧洲等国家和地区造成一定的冲击和影响。

五、澳大利亚

近年来，由于全球新能源汽车和锂电池储能需求迅速增长，澳大利亚的锂矿山开发经历了蓬勃发展的时期。然而，随着供应能力超过需求和新能源汽车补贴减少，锂精矿及其下游产品的价格在 2023 年急剧下降，这给澳大利亚的锂矿山开发带来了严峻的挑战。作为全球最大的硬岩型锂资源（锂辉石矿）国和最大的锂资源供应国，澳大利亚面临着艰难的局面。据统计，澳大利亚锂资源占全球总资源的 16.5%，全球 85% 的锂矿石产自澳大利亚。澳大利亚锂资源储量丰富，锂矿品位高，2020 年澳大利亚锂资源产量占全球锂资源总产量的 49%，是全球最大的锂资源供给国，

2015～2021 年澳大利亚锂辉石精矿矿产量如图 3.1 所示。根据光大证券研究所的调查，澳大利亚主要有 7 座建成矿山，截至 2023 年仅余 4 家在产澳矿，分别为 Greenbushes、MT Marion、Pilgangoora 和 MT Cattlin，其产能合计 229 万 t。澳大利亚锂产量全部为矿业产出。锂辉石经过开采和选矿后，大部分会以锂辉石精矿的形式出口到以中国为主的国家，作为生产碳酸锂或氢氧化锂等电池的化工原料。

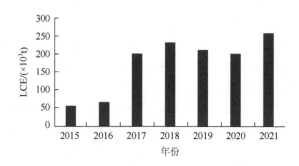

图 3.1 澳大利亚锂辉石精矿矿产量

资料来源：根据前瞻产业研究院报告数据绘制而成

锂矿行业的发展在很大程度上是由电池行业的需求决定的。而澳大利亚的锂产业链优势主要集中在资源端，其新能源汽车的发展受制于领导人对化石燃料的偏爱，使其沦为"新能源孤岛"。但随着全球新能源汽车的持续升温，加之俄乌冲突使得化石能源的价格飙升，澳大利亚汽车产业电动化开始蓄势待发，但是，由于起步较晚且政策不明确，其发展将需要更多的时机。

六、欧盟

欧盟的锂矿主要来源于澳大利亚，小部分碳酸锂进口自南美，随着非洲锂矿的投产，交通的便利性使得中短期内欧洲的锂来源或将以非洲和澳大利亚为主。伴随着全球新能源汽车发展的大浪潮，世界各国正在加速汽车电动化转型的步伐。欧洲迫切的脱碳需求以及化石能源过度依赖进口的局面推动了其新能源汽车的崛起与发展，据英国艾尔西汽车市场咨询公司和电动汽车全球销售数据库（The Electric Vehicle World Sales Database）的初步统计，2021 年，欧洲新能源汽车销量增长了近 70%，占全球市场份额的 34.7%，成为世界上最大的新能源汽车销售地区。欧盟部分国家出台了一系列政策来鼓励和扶持新能源汽车行业的发展（表 3.1），比如制定了禁售燃油车和力推环保汽车的规划，鼓励使用和消费新能源汽车，挪威等国家控制排放，扶持新能源汽车推广；德国等国家通过提高新能源汽车补贴额度，扩大政策补贴范围，激发终端用户需求，规划建设更大规模的充电桩配套设施。

表 3.1　欧盟部分国家新能源汽车发展扶持政策

国家	具体领域	时间	重点内容
德国	税收抵免	2011 年	对 2011 年 5 月至 2020 年 12 月期间购买的电动汽车免缴 5 年或 10 年的车辆保有税
	财政补贴	2016 年	2016 年 5 月 18 日起，购买纯电动汽车、油电混合动力汽车分别补偿 4000 欧元和 3000 欧元，补贴由政府和汽车企业平摊，补贴总额 12 亿欧元
	限制燃油车	2016 年	2030 年开始禁售燃油车
	补贴调整	2019 年	针对新车 [1] 和二手车 [2] 采取不同的补贴标准
挪威	税收调整	2011 年	插电式混合动力汽车减免部分登记税
	税收调整	2013 年	插电式混合动力汽车进一步减免登记税
	限制燃油车	2016 年	2025 年开始禁售燃油车
	补贴调整	2018 年	置换电动汽车给予财政补偿
	税收调整	2018 年	公司车辆税下降 40%
	税收调整	2022 年	公司车辆税下降 20%
瑞典	限制燃油车	2009 年	2030 年前，推广生物燃料汽车和电动汽车
	财政补贴	2018 年	实行 bonus-malus 政策，即买新能源汽车的车主可以拿到补贴(bonus)，而坚持买汽油和柴油车的车主则面临更高的车税（malus）
	限制燃油车	2019 年	2030 年开始禁售燃油车
	补贴调整	2021 年	购买 100%纯电动的新能源汽车可以享受最高 7 万克朗的补助

1）新车：车辆价格低于 4 万欧元补贴金额增长 2000 欧元至 6000 欧元；车辆价格在 4 万欧元至 6.5 万欧元间享受补贴 5000 欧元；车辆价格低于 4 万欧元的插电式混合动力汽车享受补贴 4500 欧元；车辆价格在 4 万欧元至 6.5 万欧元间的插电式混合动力汽车享受补贴 3750 欧元

2）二手车：使用时间低于一年、总里程不超过 1.5 万 km 且未领取过补贴的车辆，纯电动汽车补贴 5000 欧元，插电式混合动力汽车补贴 3750 欧元

　　此外，欧洲各国纷纷出台了禁售燃油车时间表，其中最早实现禁售的年份是 2025 年（挪威），最迟禁售的年份是 2040 年（英国、西班牙、葡萄牙和法国），欧盟全境禁售燃油车的具体时间节点为 2050 年。随着新能源汽车的急剧增长，欧洲开始追求闭环供应链，致力于独立研发和生产动力电池模组，并布局动力电池超级工厂建设以满足其市场需求和实现供应链安全可控。可以看出，高景气的新能源汽车市场、强有力的财政补贴政策、完善的配套基础设施、充足的研发资金投入等使得欧洲的新能源汽车市场将成为蓝海，这大大刺激了锂资源的需求及对锂产业链安全可控的深度关注。

　　2010 年欧盟仅在全球锂离子电池产量中占据 1%的份额，而中日韩三国占据了全球汽车动力电池供应量的 3/4。为了减少对中日韩三国动力电池的依赖并改变

欧洲电动汽车产业的被动局面，欧洲近年来开始积极布局动力电池制造领域，通过国家和企业的共同努力，创建了"欧洲电池联盟"[①]。欧盟电池联盟的项目覆盖了从原材料、功能材料到电池的生产和集成，以及二次使用和回收利用的完整电池产业链。欧盟通过雄心勃勃的"电池空中客车"项目，努力迎头赶上亚洲和美国，在动力电池领域实现封闭循环供应链，进一步确保欧洲的产业价值和就业机会[225]。

第二节　中国锂产业链现状分析

一、上游产业

锂是目前世界上已知原子半径最小、质量最轻与电离电势最大的亲石稀有碱土金属元素。作为战略性新兴产业、国防尖端科技研发和现代工业不可或缺的功能性材料，锂因其高储能、软质地、轻比重、大比热、低能耗和强电化学活性等优良性质，广泛应用于玻璃、陶瓷、润滑脂、有机合成、有色冶金、临床医药、空气处理、高能电池、原子能热核聚变（反应）及航空航天等各个行业和领域[226]。根据美国地质调查局统计，截至 2020 年，全球已探明锂资源储量达 2106 万 t，各国占比见图 3.2，全球已探明锂资源量达 8551 万 t，各国占比见图 3.3。其中，智利、澳大利亚、阿根廷、中国、美国和加拿大等 6 个国家已探明锂资源储量占全球总量约 89%，玻利维亚、阿根廷、智利、美国、澳大利亚、中国、刚果（金）、加拿大和德国等 9 个国家已探明锂资源量占全球总量的 90%以上。

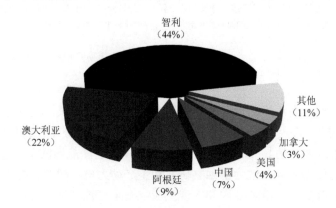

图 3.2　全球已探明锂资源储量占比

资料来源：美国地质调查局

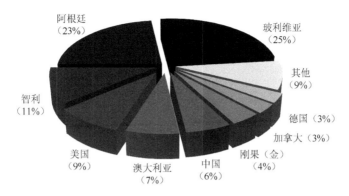

图 3.3　全球已探明锂资源量占比

资料来源：美国地质调查局

根据美国地质调查局 2013 年统计数据，全球锂矿资源主要分为岩石矿物和卤水矿物两大类型，其中封闭的盆地卤水占 58%，伟晶岩（包括富锂花岗岩）占 26%，锂蒙脱石黏土占 7%，油田卤水、地热卤水、锂硼硅酸盐矿（Jadarite）各占 3%。同时，也形成了两套锂资源供应体系：盐湖提锂和矿石提锂。其中，全球代表性的盐湖、矿石提锂项目如表 3.2 所示。

表 3.2　全球代表性的盐湖、矿石提锂项目

国家	开发公司	项目	锂资源量	平均锂浓度/平均锂品位
智利	SQM	Atacama	4897 万 t LCE	1835 mg/L
	ALB	Atacama		1600 mg/L
阿根廷	Livent	Hombre Muerto		895 mg/L
	Orocobre	Olaroz	644 万 t LCE	690 mg/L
	赣锋锂业/LAC	Cauchari-Olaroz	2458 万 t LCE	1835 mg/L
中国	西藏矿业	西藏扎布耶盐湖	184 万 t LCE	800 mg/L
	五矿盐湖	青海一里坪盐湖	165 万 t LCE	250 mg/L
	青海东台吉乃尔锂资源	青海东台吉乃尔盐湖	249 万 t LCE	376 mg/L
	格尔木藏格锂业	青海察尔汗盐湖	200 万 t 氧化锂	310 mg/L
	蓝科锂业	青海察尔汗盐湖	1481 万 t LCE	310 mg/L
	中信国安	青海西台吉乃尔盐湖	269 万 t LCE	256 mg/L
美国	ALB	Silver Peak		100～200 mg/L
澳大利亚	Talison Lithium（泰利森锂业）	Greenbushes	357 万 t 氧化锂	2%
	MRL/赣锋锂业	Mt Marion	100 万 t 氧化锂	1.37%

续表

国家	开发公司	项目	锂资源量	平均锂浓度/平均锂品位
澳大利亚	Pilbara Minerals（皮尔巴拉矿产公司）	Pilgangoora	344 万 t 氧化锂	1.06%～1.27%
	Galaxy Resources（银河资源）	Mt Cattlin	21 万 t 氧化锂	1.28%

资料来源：作者根据前瞻产业研究院报告整理

注：MRL 公司全称为 Mineral Resources Limited（矿产资源有限公司），LAC 公司全称为 Lithium Americas Corporation（美洲锂业公司）

此外，非洲也具备丰富的锂资源，待投产项目主要为 AVZ 公司的刚果（金）马诺诺（Manono）锂矿项目、前景锂矿公司（Prospect Lithium Zimbabwe）的津巴布韦阿卡迪亚（Arcadia）锂矿项目和马里锂业的 Goulamina 锂矿项目；加拿大以锂辉石矿为主，包括北美锂业的 La Corne 矿、Nemaska 的 Whabouchi 矿等，未来有望供应欧美新能源产业链；中国除青海、西藏盐湖在产外，四川锂矿和江西锂云母也提供了原料。2021 年全球锂资源供给结构中，西澳大利亚固体锂矿份额遥遥领先，其中，澳大利亚（42%）、智利（24%）、中国（23%）和阿根廷（7%）四国的锂资源供给占全球的 96%，是世界主要的锂资源供应大国。就锂资源供应商而言，全球锂业话语权主要集中在 SQM、ALB、中国天齐锂业和美国富美实（FMC）。但随着中国、澳大利亚和阿根廷的一些新的锂矿项目投产，锂矿行业原有的垄断市场格局正在被打破[227]。

与其他矿产资源一样，锂电池行业的景气是周期演进的过程。在 2015～2017 年，以中国为代表的新能源汽车市场，在政府的强力补贴政策引导下，驱动了锂电池行业的迅速发展，由于产能增长滞后，锂资源的供给出现了短缺，锂价格也在这一时期站上历史高位。时至 2017 年底，随着澳大利亚等国家的大批锂矿产能集中落地，全球锂资源供给大幅攀升，与此同时，中国新能源汽车补贴政策效果减弱，电池产业开始面临产能过剩、价格战激烈等问题，锂资源价格持续下跌，行业进入下行周期。进入 2021 年，在碳中和及能源转型的大背景下，新能源汽车领域再次放量增长，加上储能领域的长期潜力，锂电池迎来确定性极强的需求增量。

二、中游产业

锂产业的中游主要包括电池级碳酸锂、金属锂、氯化锂等深加工锂产品及相关产业。其中，锂电池产业是最具代表性和发展前景的领域。在锂电池产业的发展历程中，竞争格局经历了三次主要转变。①1991～2000 年，是以日本为主导的全球锂离子电池市场，日本凭借其专利优势与先发优势几乎垄断了当时的全球市场。②2001～2010年，随着技术创新对成本改善的边际效应减弱，韩国和中国的成本优势开始显现。在全球化供应链的背景下，它们打破了日本企业的垄断格局。③2011年至今，下游需求从消费类电子产品转向新能源汽车领域。中国对新能源汽车的大力扶持创造了巨大的动力电池需求。中日韩三国形成了全球动力电池市场的竞争格局，中国迅速崛起。然而，新能源产业的快速发展导致资源供应不足，价格持续上涨。作为一个重要的中游贸易国家，中国对资源价格的影响力相对较弱。

根据德勤咨询报告，2010年处于锂电池发展的起步阶段，当时，锂主要应用于润滑剂、陶瓷等传统领域，需求占比达总量的73%，而锂电池领域需求仅占27%。锂电池的细分市场主要为动力电池、储能电池和消费电池，其中，动力电池的下游应用领域主要为新能源汽车，储能电池的下游应用领域主要为电力系统，消费锂电池的下游应用领域主要为手机等消费电子产品。截至2020年，在全球的锂需求中电池领域占比上升至69%，其中动力电池占比最大，为37%，其余依次为消费电池29%，储能电池3%。如图3.4所示，2021年全球锂离子电池总体出货量562.4 GW·h，同比大幅增长91.0%。

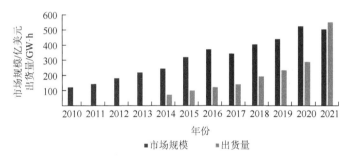

图3.4　全球锂离子电池产业市场规模和出货量

资料来源：EVTank公布的研究数据

根据伍德麦肯兹（WoodMac）研究报告，2021年，全球电动汽车的电池装机量增长约100%，达到近300 GW·h；与此同时，全球储能装机量几乎同比增长两倍，达到28 GW·h。随着"双碳"目标的提出，全球各企业纷纷布局动力电池与储能电池产业链，新能源汽车行业与储能行业的蓬勃发展将推动动力电池和储能电池的市场份额的提升，需求激增推动了制造产能扩张和技术转型。就产能而言，2020年，中国主导了全球锂离子制造市场，其产能约占世界产能的77%。此外，受新能源汽车产业推动，2021年中国锂电池市场规模达到324 GW·h，是2017年的4倍，中国已连续5年成为全球最大的锂电池消费市场。

三、下游产业

锂产业链下游需求结构多样化,基础锂盐经过加工后广泛应用于多个行业,包括玻璃、陶瓷、新能源汽车以及手机和电脑等消费电子领域。特别是在 2020 年,电池领域成为最大的锂资源应用领域,占据了总需求的 65%[224]。在节能环保的大趋势下,全球对清洁能源发展越来越重视,新能源及储能行业成为下游拉动需求的主要力量。新能源汽车作为汽车电动化、低碳化的重要发展方向,对于提高产业竞争力、改善能源结构、发展低碳交通具有深远意义和重要作用[228],下游新能源汽车渗透率的不断提升,将带动锂资源需求的不断提高。传统燃油车产生的资源环境压力日益突出,各国相继出台严厉措施限制燃油车,以荷兰为首的欧洲国家率先加入"零排放车辆联盟",并承诺在 2050 年以前实现全面禁售燃油车[229]。可以看出,新能源汽车行业是未来实现低碳发展的重中之重,近年来,全球新能源汽车销量呈指数增长态势,截至 2021 年,全球新能源汽车销量达 644 万辆,同比增长 107.45%。从 2010 年到 2021 年,全球新能源汽车销量增长了约 744 倍(图 3.5)。高需求、高景气的下游产业链发展现状将显著拉动锂资源需求的暴涨。

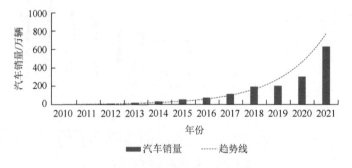

图 3.5　全球新能源汽车销量

资料来源:中国新能源汽车产业发展报告

第三节　中国锂产业链发展现状、挑战及前景分析

一、中国锂产业链发展现状及挑战

就资源端而言,我国锂资源总量并不稀缺,但资源禀赋并不出色,高端产品加工原料对外依存度高。根据自然资源部发布的《2022 年全国矿产资源储量统计

表》，我国锂资源主要以盐湖卤水形式存在，已探明锂资源储量为 680 万 t，其中盐湖资源约占总储量的 70%，矿石资源约占 30%。其资源分布十分集中，盐湖主要在青海、西藏和湖北；锂辉石和锂云母主要分布在四川、江西和湖南三省。我国锂资源以从青海、西藏盐湖中提取为主，镁锂比高，提取技术难度大，锂提取率低，我国卤水提锂仅占 20%，且盐湖提锂产品多为普通工业级碳酸锂，高端产品加工原料对外依存度高[230]。此外，盐湖由于自然禀赋差异大，难以复刻矿石提锂模式快速进行产能复制，需要根据盐湖自然禀赋差异选择合适的提锂工艺，我国盐湖中蕴藏的锂资源量要远大于硬岩锂矿，但青海盐湖锂浓度相对较低、镁锂比较高，西藏盐湖海拔高且基础设施薄弱，因此前期开发进程较为落后。

中国在动力电池领域技术上处于全球领先地位，但在芯片等关键技术方面尚未完全自主掌握。根据行业跟踪报告，中国是全球最大的锂矿石加工中心，2018 年中国的氢氧化锂产量占全球产量的 89%。中国在动力电池材料、系统和工艺方面正在加快创新，动力电池单体技术、关键材料技术、制造技术、测试评价技术等方面正在快速提升，已经达到全球领先水平。与此同时，新的动力电池技术也在迅速普及和应用，如宁德时代的无模组技术和比亚迪的刀片电池技术等已经开始得到应用。相对而言，欧洲和美国在动力电池技术方面相对落后，其生产的新能源汽车主要采用中国、韩国、日本等国家生产的动力电池。与欧洲和美国相比，中国已经形成了全球最完善的新能源汽车产业链，包括从原材料供应、三电系统①到整车制造等方面的完整链条。然而，欧美国家在发动机与控制系统、高端变速箱、电喷系统、芯片等领域存在明显的优势，导致中国在零部件、原材料等供应链中仍存在薄弱环节和"卡脖子"问题，新能源汽车产业链存在短板、缺乏韧性。一些核心零部件如电池、电机和电控部分过度依赖进口，相关产业的关键原材料也高度依赖国外供应。在全球性突发公共卫生事件和大国竞争的背景下，许多整车制造商面临着"缺芯、少屏、少电池"的困境，产业安全问题日益凸显。

根据 2021 年的产业研究报告，锂下游需求中有 70%来自新能源汽车动力电池、消费电池和储能电池领域，剩下的来自玻璃、陶瓷等传统工业领域。在全球汽车产业转型的重要时期，我国创造性地将发展新能源汽车与提升产业竞争力、保障能源安全、改善空气质量和应对气候变化联合在一起。尽管我国在新能源汽车产业发展上起步较晚，但是我国正在实现"弯道超车"，这得益于我国的先天优势和后天支持（图 3.6）。我国在节能与新能源汽车领域具备良好的基础，2022 年是全球第三大锂电池生产国，拥有庞大的产业规模和完善的产业链。同时，我国也是锂资源储量丰富的国家，具备大规模发展车用动力电池的条件。

---

① 三电系统指电动汽车的动力电池、驱动电机和电控系统。

在车用驱动电机领域，我国拥有全球最大的产业规模和强大的技术基础。政府陆续出台了节能与新能源汽车示范推广以及私人消费补贴政策，为新能源汽车产业提供强有力的政策支持，并推动电动汽车基础设施建设。然而，我国在新能源汽车标准体系建设方面尚存在挑战，需要制定统一的标准来规范驱动方式、驱动结构、电源结构以及充电基础设施建设。只有依据统一标准进行发展与管理，才能实现新能源产业的高效发展，并避免社会资源的浪费。

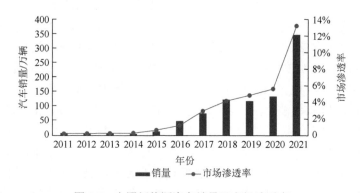

图 3.6　中国新能源汽车销量及市场渗透率

资料来源：中国新能源汽车产业发展报告

二、中国锂产业链发展前景

在锂资源供需缺口持续存在的情况下，我国锂资源稀缺性和重要性提升，盐湖提锂成为我国锂资源供给的重要环节。在下游新能源行业景气度不断提升，锂资源供给短期刚性环境下，锂矿价格持续提升。提高锂资源国内供给率是保障我国新能源行业发展的重要一步，我国锂资源丰富且 80% 以上以盐湖卤水形式存在，因而盐湖提锂将是我国未来锂资源供给最关键的环节。

美国银行全球研究部（Bank of America Global Research）在 2021 年公布的报告中表示全球电动汽车市场将面临电池断供的威胁，动力电池最早将在 2025 年供不应求，即"电池荒"将成为各国发展新能源汽车产业的共同危机。供应不足的核心原因是产能不足，"电池荒"主要是由于新能源汽车市场超出预期、动力电池核心原材料价格上涨、储能电池业务大幅上涨，需求扩大，动力电池的缺口也越来越大。飞速发展的新能源汽车市场及原材料的头部垄断使得各国纷纷在上游和下游进行布局，尽管我国是氢氧化锂的主要生产国，但是在核心技术的研发与突破及电池的高效循环利用体系上仍然存在很大的提升空间。"电池荒"的出现导致中外合作逐步分化，头部企业逐渐挤占了其他小型企业的生存空间，存在不均匀分配格局。为此，我国若要实现自主可控的供应链体系，首先应该把握资源端的可靠性，其次提升中游的产品定价能力，最后提升下游的技术性，以此实现锂产业链的持续健康发展。

中国新能源汽车产业正面临技术进步、政策环境改善、海外市场扩大以及脱碳需求增加等重大机遇。对此，政府出台了一系列战略/规划、法规/标准和财税鼓励政策，为新能源汽车产业提供支持。随着软硬设施配套的完善，中国的新能源汽车产业有望成为备受瞩目的行业新秀。中国政府在21世纪初选择以新能源汽车振兴汽车产业为国家战略，并通过研发投入和直接补贴，在全国多个城市引入新能源汽车试点项目，并在公共领域进行推广。在政府政策的推动下，中国的电动汽车产业和市场迅速发展，并涌现出许多新能源汽车企业。自2016年起，中国成为全球最大的电动汽车市场，到2019年，中国的电动乘用车销量占全球的一半[231]。中国新能源汽车产业经历了探索、完善、兴起和成熟四个阶段的发展。新能源汽车相关的新技术、新模式和新业态不断涌现，加速了其与交通、信息、能源等领域的融合，为产业发展带来新机遇。此外，欧洲多国出台燃油车禁售令，成为全球新能源汽车的主要增量市场。RCEP的实施和"一带一路"倡议为中国新能源汽车产业的国际化提供了广阔的机遇，中亚、阿拉伯国家以及东南亚、南亚等国家的新能源汽车需求不断增长，为中国新能源汽车产业的发展提供了强劲的竞争力和广阔的市场空间。

第四章 锂产业链全球贸易格局演化及影响因素分析

随着此前经济全球化的加深和当前"逆全球化"的抬头，国家/地区间的贸易关系逐渐紧密，使得世界各国/地区在空间上形成了"牵一发而动全身"的复杂网络。全球生产和消费转移反映了各国/地区在经济上的相互依赖关系，随着技术变革的深化，各国/地区之间的贸易活动相互作用、相互影响和相互依赖，锂产业链全球贸易格局的演化深刻影响着锂产业链的安全。因此，识别产业链网络中的关键节点国家/地区，明确中国在锂产业链贸易网络演化中的地位变迁，有利于中国更好地进行资源战略布局，用好国际国内两个市场、两种资源来维护锂产业链安全。

第一节 锂产业链全球贸易流向

一、数据来源

现有的锂产业链研究中产品选择尚未统一，但结合 Tian 等[232]、Shao 等[217]、Chen 等[233]、Hu 等[234]、Sun 等[207]的研究，通过总结和对比，最终确定了尽可能覆盖锂产业链上游、中游和下游的 9 种具有代表性的相关产品，产品目录如表 4.1 所示。锂广泛应用于电池、陶瓷、玻璃、润滑剂、制冷液、核工业以及光电等行业。随着电脑、数码相机、手机、移动电动工具等电子产品的不断发展，电池行业已经成为锂最大的消费领域。由于锂产业链下游行业众多，其涉及的产品纷繁复杂，因此，本书仅考虑锂产业链下游最具代表性行业相关的研究产品。产品数据来源于联合国商品贸易统计数据库（United Nations Commodity Trade Statistic Database，UN Comtrade）[①]，基于 Python 收集了 2000～2021 年 9 种产品的全球贸易额数据，并根据产业链分类对相应产品贸易额进行了加总。UN Comtrade 因其广泛的覆盖面而广受认可，但是收集过程和测量标准的差异化使得数据存在一些问题，主要包括：①国家/地区间的贸易额（量）为 0；②i 国/地区进（出）口 j 国/地区的贸易额（量）与 j 国/地区出（进）口 i 国/地区的贸易额（量）存在出入[235]。

---

① 由于 UN Comtrade 中的数据是分了地区的，且中国台湾、香港、澳门地区和某些地区涉及的产业比重较大，所以第 4 章至第 7 章（部分指标）的研究数据中将这些地区单独列出。中国数据为不包含港澳台地区的数据（下同）。

对于第一种问题，本书将没有与任何国家/地区进行贸易的对象进行了剔除；对于第二种问题，可能的原因是各地区统计口径的差异，本书采用了均值化处理。

表 4.1　本书所涉及的产品目录

产业链	海关编码	产品名称	数据覆盖年份
上游	HS280519	锂；其他碱金属及碱土金属	2000~2021
中游	HS282520	氢氧化锂；锂的氧化物	2000~2021
	HS283691	锂的碳酸盐	2000~2021
	HS290433	全氟辛基磺酸锂	2016~2021
	HS282690	六氟磷酸锂	2000~2021
	HS282739	氯化锂	2000~2021
	HS284169	锰酸锂	2000~2021
下游	HS850650	锂的原电池及原电池组	2000~2021
	HS850760	纯电动汽车或插电式混合动力汽车用锂离子蓄电池单体	2011~2021

注：本书海关编码使用短编码

二、贸易网络构建

贸易网络可分为物理网络和逻辑网络，逻辑网络是从实际的可视化运输网络中抽象而出的网络，本章仅考虑有贸易数据的逻辑网络。选择国家/地区作为网络"节点"，国家/地区间的进出口关系作为有向"边"，贸易额加权作为边权重，参照马述忠等学者的研究[75]，分别构建出锂产业链贸易有向无权网络和有向加权网络，无权网络可以展现节点间的连接方式和网络拓扑结构，加权网络可以反映贸易联系的相互关系和强度等特征。所构建网络表示为 $G = (N, S, A, W)$，其中，$N = (n_1, n_2, \cdots, n_j)$ 表示参与贸易的国家/地区，即节点；$S = \{S_{ij}\}$ 表示贸易国/地区之间的关系，即边；$A = A(t)$ 为无权邻接矩阵；$W = w(t)$ 为有权邻接矩阵。

在有向无权网络中，若 t 年节点 i 与节点 j 没有贸易往来，则 $a_{ij}(t) = 0$；若 t 年节点 i 与节点 j 有贸易往来，则 $a_{ij}(t) = 1$。

$$A(t) = \begin{pmatrix} a_{11} & \cdots & a_{1n} \\ \vdots & & \vdots \\ a_{n1} & \cdots & a_{nn} \end{pmatrix}$$

$$a_{ij} = \begin{cases} 1, & \text{若节点} i \text{和节点} j \text{存在贸易往来} \\ 0, & \text{若节点} i \text{和节点} j \text{不存在贸易往来} \end{cases} \tag{4.1}$$

其中，n 表示网络节点数，即参与全球贸易的国家/地区数；a_{ij} 表示节点 i 指向节点 j 的边数，即节点 i 的锂资源出口国家/地区数；a_{ji} 表示节点 j 指向节点 i 的边数，即节点 i 的锂资源进口国家/地区数。

在有向加权网络中，w_{ij} 用节点 i 与节点 j 之间的进出口贸易值来表示，即

$$w_{ij} = (e_{ij} + m_{ji})/2 \tag{4.2}$$

其中，e_{ij} 表示节点 i 对节点 j 的出口值；m_{ji} 表示节点 j 对节点 i 的进口值。

研究通过网络规模、网络密度、聚类系数、平均路径长度和网络直径来刻画锂产业链贸易网络的整体特征，从不同类别的中心性指标出发刻画锂产业链贸易网络的节点特征，详细指标说明见表 4.2。

表 4.2 锂产业链贸易网络指标分析一览表

类别	指标	公式	指标说明
整体特征分析	网络规模		包括网络节点数和连边数，数量越多说明网络规模越大
	网络密度	$G = \dfrac{2L}{N(N-1)}$ N 是节点数，L 是边数	指的是一个网络中真实的边数目与最大可容许边数目之比。衡量国家/地区间关系密切与否，网络密度越大，连接得越紧密
	聚类系数	$C = \dfrac{1}{n}\sum \dfrac{n}{k_i(k_i-1)}$ n 是节点 i 的各邻居之间边的数量，k_i 是节点 i 的度值	指在一个网络中，各个节点聚集在一起的程度。度量一个整体网络的贸易密切性，即该网络中各个节点的聚类系数的平均值
	平均路径长度	$L = \dfrac{1}{n(n-1)}\sum_{ij} d_{ij}$ n 是节点数，d_{ij} 为节点 i 和节点 j 之间的最短路径，即最短边数	指网络中两个节点之间路径的平均值。衡量网络中各节点之间进行贸易交互效率的高低，数值越大则说明贸易之间传输需要跨越的边数越多，贸易交互效率越低
	网络直径		指网络中最长的路径长度。网络直径越短，网络内部凝聚力越强，网络内部流通越快
节点特征分析	度	$k_i = k_{in}^i + k_{out}^i = \sum_{j=1}^n d_{ji} + \sum_{j=1}^n d_{ij}$ d_{ji} 和 d_{ij} 为无权网络中的数值，存在贸易关系时为 1，反之为 0	指该节点存在以边的形式相连接的节点数量，反映了单个国家/地区的贸易网络关系数目、贸易活跃程度和贸易影响范围
	接近中心性	$C(x) = \dfrac{N-1}{\sum_y d(x,y)}$ N 是节点数，$d(x,y)$ 是顶点 x 和 y 之间的距离	指该节点到网络中其他所有节点的最短路径之和。反映节点的中心程度，一个节点越是中心，它就越接近所有其他节点
	介数中心性	$BC_i = \sum_{s \neq i \neq t} \dfrac{g_{st}^i}{g_{st}}$ g_{st} 代表节点 s 到节点 t 的最短路径的数量，g_{st}^i 是这些路径经过节点 i 的次数	指网络中最短路径穿过该节点的次数。衡量在网络中发挥桥梁作用的节点的中介能力，代表了某节点与其他节点之间的互动程度
	特征向量中心性	$EC(x) = x_i = c\sum_{j=1}^n a_{ij} x_j$ c 为比例常数，a_{ij} 为邻接矩阵，x_i 和 x_j 分别为节点 i 和节点 j	反映网络中节点的影响力，一个节点的重要性既取决于其邻居节点的数量，也取决于其邻居节点的重要性

三、全球锂产业链贸易流向分析

　　全球经济正在经历着巨大的动荡与扩张，2009 年全球金融危机后增长趋缓乃至缓慢衰退。2018 年以来不断升级的中美贸易摩擦、2020 年初的全球性突发公共卫生事件等，给锂产业链贸易网络带来了深刻变革，区域化特征日益显现。

　　基于 UN Comtrade 的数据绘制 2000 年和 2021 年锂产业链上游、中游、下游贸易流向图如图 4.1～图 4.6 所示。对比发现，锂产业链的上游呈现贸易分散化的特征，由 2000 年的以美国为核心的亚太区块和以德国为核心的欧洲区块的

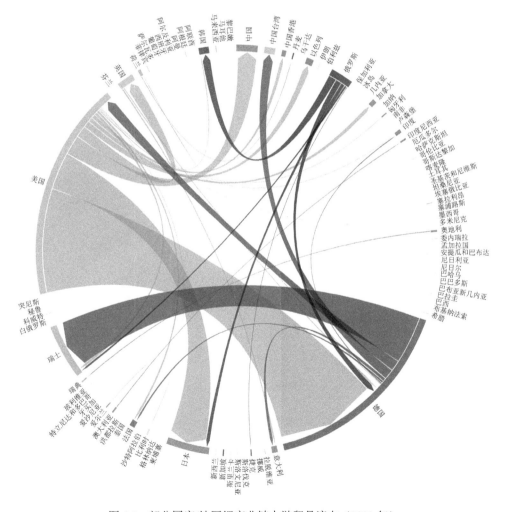

图 4.1　部分国家/地区锂产业链上游贸易流向（2000 年）

"两极格局"逐渐裂变为 2021 年的中国占主导的"多极格局";随着新能源革命的驱动,锂资源的供需矛盾进一步加剧,中国虽然具有得天独厚的资源优势,截至 2022 年底其锂矿储量位居全球第二,尤其是盐湖型锂矿储量具有显著优势,但其总量难以长期支撑中国作为全球最大锂动力电池生产国和出国口的地位,这使得中国锂资源高度依赖进口。随着各国/地区开始追求进口替代国/地区多元化,锂产业链上游的国际贸易呈现分散化的特征。

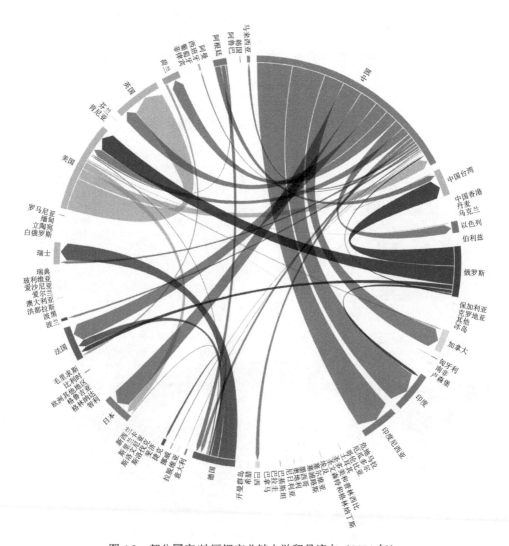

图 4.2　部分国家/地区锂产业链上游贸易流向(2021 年)

"欧洲其他地区"是未列出的欧洲其他国家/地区,"其他"是排除欧洲其他地区的其他国家/地区(下同)

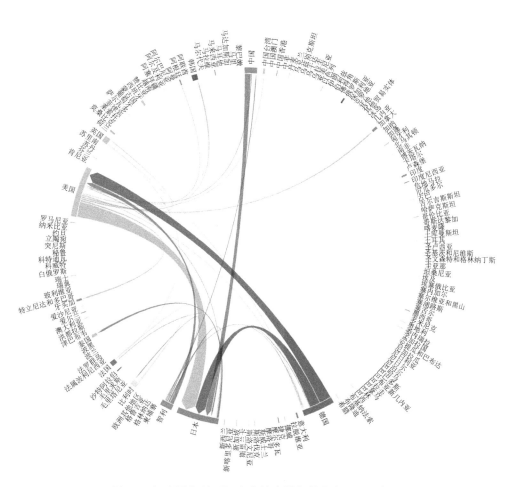

图 4.3 部分国家/地区锂产业链中游贸易流向（2000 年）

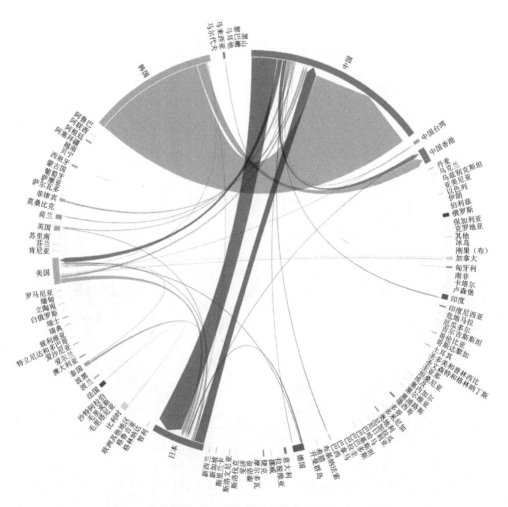

图 4.4　部分国家/地区锂产业链中游贸易流向（2021 年）

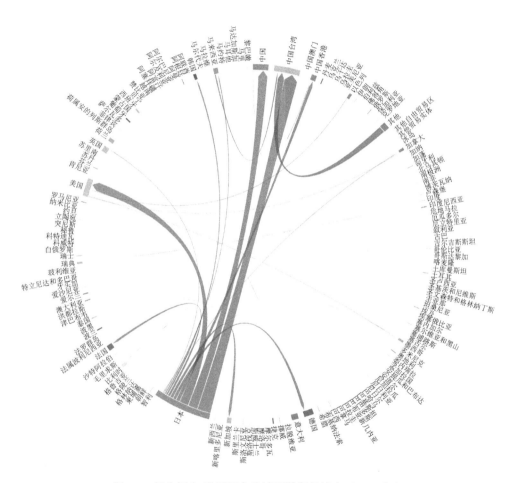

图 4.5　部分国家/地区锂产业链下游贸易流向（2000 年）

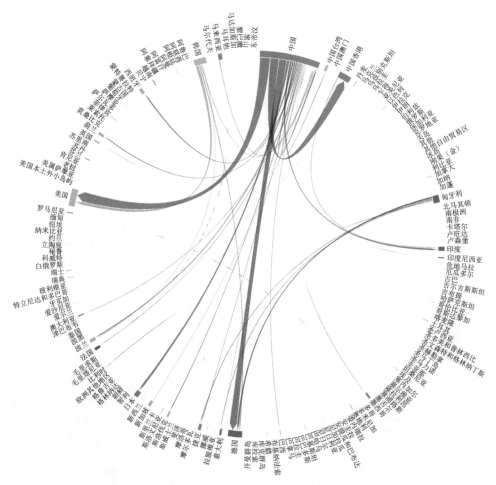

图 4.6 部分国家/地区锂产业链下游贸易流向（2021 年）

锂产业链中游呈现贸易集中化的特征，由 2000 年的以亚太区块内的美国、日本为核心和以欧洲区块内的德国为核心的"三足鼎立"格局逐渐集中为 2021 年的以亚洲区块内的中国和韩国为核心的"两极格局"。中国凭借其成本优势在锂产业链中游成为不可替代的一部分，作为"世界工厂"、锂盐加工大国，中国掌握了全球绝大多数的锂加工产能，逐渐跻身锂产业链中游全球贸易的核心位置，与韩国形成"两极格局"。

锂产业链下游呈现极点转移现象，由 2000 年的以日本为核心的"单极格局"转化为 2021 年的以中国为核心的"单极格局"。随着中国新能源汽车产业的急速发展和国家战略布局的进一步深化，其在锂产业链下游的产品需求骤增，推动锂产业链下游全球贸易格局的深刻变革，逐渐取代日本成为锂产业链下游的核心贸易国家。

锂产业链各端格局的变革是市场和生产双重作用的产物，欧洲市场、北美市场、亚洲市场相互竞争、相互支撑，与此同时，各个区域内要素的供给也相对独立，在成本最小化的推动下，中国在锂产业链贸易网络中的价值日益明显。

第二节　锂产业链贸易网络整体特征分析

本节通过分析锂产业链各端的节点数、边数、网络密度、聚类系数、平均路径长度、网络直径来刻画其贸易网络整体特征。

图 4.7 展现了锂产业链贸易网络节点数量和边数量 2000～2021 年的演化趋势。总体而言，参与锂产业链国际贸易的节点国家/地区呈现较为稳定的态势，但受制于资源禀赋的影响，锂产业链上游参与国际贸易的国家/地区节点数显著低于中游和下游。此外，锂产业链国家/地区间的贸易网络波动较大，尤其表现在中游和下游，节点间边的数量在某些年份呈现出骤减的趋势：2001 年锂产业链中游的贸易网络边数量骤减至 181 条，2007 年锂产业链中游的贸易网络边数量骤减至 381 条，2009 年、2011 年和 2017 年锂产业链下游的贸易网络边数量分别骤减至 552 条、458 条和 490 条。就锂产业链下游而言，其贸易网络波动深受贸易保护主义、中美贸易摩擦等国际贸易环境的影响，由于 2008 年经济危机之后发达国家失业率较高，全球经济再度面临疲软威胁，2010 年和 2011 年，包括关税上调、出口限制及不公正的监管调整在内的保护主义措施大幅增多，使得全球的国际贸易环境变差，进而影响了国家/地区间的贸易往来。此外，自 2020 年来受全球性突发公共卫生事件的影响，锂产业链贸易网络受到极大影响，其网络节点和边数量都出现锐减，尤其是在锂产业链的中游和下游。可以看出，突发公共卫生事件造成了一些国家/地区的退出，使得锂产业链贸易网络活跃度和通达性都受到了或多或少的影响。

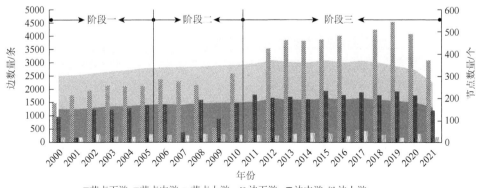

(a) 节点数量和边数量

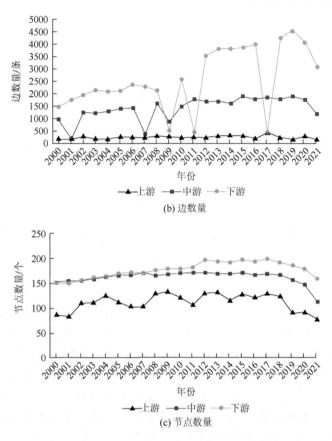

(b) 边数量

(c) 节点数量

图 4.7 锂产业链贸易网络节点数量和边数量

图 4.8 展现了锂产业链各端 2000～2021 年网络密度、平均路径长度、聚类系数和网络直径的变化趋势，总体来看，锂产业链贸易网络呈现出"上游稀疏，中下游紧密"的网络整体特征。网络密度可以衡量国家/地区间关系的密切程度，网络密度越大，则网络贸易越密切。2000～2021 年，锂产业链上游、中游和下游的网络密度分别增加了 37.5%、118.6%和 87.7%，可以看出中游和下游的网络变得越发紧密，各国/地区之间的贸易形成了一定的集聚效应。锂产业链下游的网络密度在 2009 年、2011 年和 2017 年出现了锐减，这和之前所说的贸易边数量减少有关，受到贸易保护主义的影响，国家/地区间贸易依赖大大削弱，贸易密切程度受到了阻碍。

平均路径长度可以衡量各节点之间贸易交互效率的高低，其数值越大说明节点间的贸易需要经过的边数越多，则贸易交互效率越低。可以看出锂产业链下游的贸易交互效率较高，其次是锂产业链中游，最后是锂产业链上游。值得一提的是，在新冠疫情的全球大流行背景下，锂产业链中游和下游的平均路径长度均有所减少，贸易交互效率有所提升，但是锂产业链上游的平均路径长度有所增加，

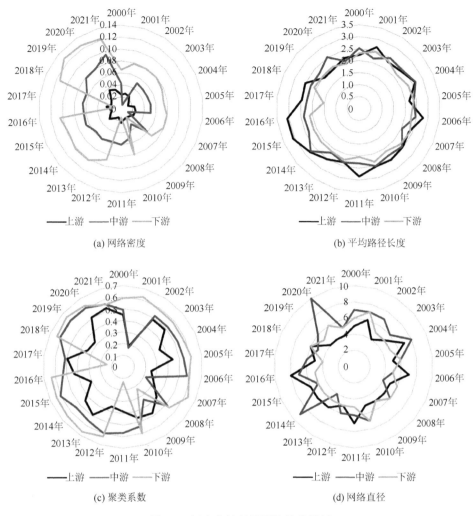

图 4.8 锂产业链贸易网络整体指标

从 2019 年的 1.951 上升到 2021 年的 2.19，锂产业链上游的贸易交互效率下降，这可能与新冠疫情的全球大流行有关，严峻的防控形势使得主要资源产地智利、阿根廷、澳大利亚、刚果（金）和南非等国家出台对人员流动和货物运输的限制措施，供应端扰动受公共卫生事件蔓延的影响巨大。

聚类系数衡量的是网络中各节点的聚集程度，尤其是一个节点的相邻点彼此相连的程度，聚类系数越大说明节点间的聚集程度越高，贸易网络越密切，整个贸易网络呈现紧密的分布特征；反之，则贸易网络的聚集程度越低，贸易密切性越小。聚类系数所反映的结果在一定程度上与网络密度的结果相似，由图 4.8（c）可知，2000～2021 年锂产业链上游、中游和下游的平均聚类系数分别为 0.40、0.51 和 0.55，锂产业链下游的贸易网络聚集程度最高,已经形成了一定的贸易集聚成团效应,其次是中游,最后是上游。此外,中游在 2001 年和 2007 年的聚类系数骤减至 0.171 和 0.221。

网络直径指任意两个存在有限距离的节点之间的距离的最大值,网络直径越小,说明节点间的凝聚力越强,网络内部流通越快。2000～2021 年锂产业链上游、中游和下游的网络直径分别为 6、7 和 6,可以看出,锂产业链上游和下游的网络凝聚力较好,中游的网络凝聚力其次。此外,锂产业链上游、中游和下游的最高网络直径分别出现在 2016 年(8)、2020 年(10)和 2010 年(7),可以看出锂产业链中游的网络稳定性较弱,其风险在节点间的传导路径较大,当某一节点失效时,其整个贸易链的稳定性将被削弱。

第三节　锂产业链贸易网络节点特征分析

一、锂产业链贸易网络节点度

节点度是复杂网络分析中的一个基础指标,表示的是与该节点存在连接的节点数,也就是与一个国家/地区有贸易联系的国家/地区数量。度值越大反映了国家/地区间的贸易关系越多,贸易网络越活跃,其贸易覆盖范围也越大。节点度值是点出度和点入度之和,其中,点出度和点入度代表了该节点出口和进口的贸易关系。基于 UN Comtrade 中锂产业链相关产品的贸易数据,本节测度了 2000～2021 年每间隔 2 年的度值,列举出点出度和点入度排名前五的国家/地区,如表 4.3 所示。

表 4.3　2000～2021 年锂产业链节点度排名前五的贸易国家/地区

产业链	年份	入度前五名					出度前五名				
		1	2	3	4	5	1	2	3	4	5
上游	2000	中国	印度尼西亚	意大利	印度	瑞士	美国	德国	英国	比利时	荷兰
	2003	中国	印度尼西亚	德国	马来西亚	印度	美国	中国	印度	加拿大	南非
	2006	卡塔尔	美国	印度	印度尼西亚	德国	中国	英国	法国	日本	印度
	2009	德国	马来西亚	加拿大	中国	新加坡	德国	美国	英国	法国	比利时
	2012	德国	印度	波兰	法国	美国	德国	法国	比利时	意大利	荷兰
	2015	荷兰	德国	中国	沙特阿拉伯	法国	美国	印度	法国	比利时	荷兰

产业链	年份	入度前五名					出度前五名				
		1	2	3	4	5	1	2	3	4	5
上游	2018	德国	新加坡	韩国	沙特阿拉伯	中国	中国	英国	法国	印度	比利时
	2021	荷兰	德国	中国	法国	中国台湾	美国	德国	中国	印度	俄罗斯
中游	2000	美国	英国	德国	比利时	中国	中国	印度	英国	美国	德国
	2003	德国	英国	美国	中国	西班牙	中国	德国	美国	印度	英国
	2006	美国	英国	德国	法国	中国	中国	德国	加拿大	印度	美国
	2009	美国	中国	德国	法国	比利时	德国	印度	美国	马来西亚	英国
	2012	美国	德国	英国	中国	印度	印度	德国	美国	法国	比利时
	2015	美国	中国	德国	印度	法国	荷兰	印度	德国	美国	法国
	2018	中国	美国	德国	英国	印度	印度	荷兰	德国	加拿大	中国
	2021	美国	中国	德国	比利时	西班牙	荷兰	德国	中国	印度	法国
下游	2000	法国	德国	英国	荷兰	西班牙	日本	德国	英国	中国	意大利
	2003	法国	德国	印度	意大利	西班牙	中国	日本	德国	意大利	中国台湾
	2006	墨西哥	法国	德国	西班牙	捷克	美国	英国	法国	中国香港	中国台湾
	2009	墨西哥	西班牙	英国	德国	加拿大	美国	中国	法国	瑞士	荷兰
	2012	荷兰	德国	法国	西班牙	英国	美国	中国	法国	日本	中国香港
	2015	荷兰	加拿大	法国	德国	新加坡	美国	中国	德国	日本	法国
	2018	荷兰	加拿大	法国	瑞士	南非	中国	美国	德国	法国	英国
	2021	法国	荷兰	加拿大	瑞士	西班牙	中国	法国	德国	日本	新加坡

从表 4.3 可以看出，在锂产业链上游产品的国际贸易中，国家/地区的参与度变化较大，就锂矿上游产品进口而言，主要集中在欧洲的德国、荷兰等，亚洲的中国、印度、印度尼西亚等；就锂矿上游产品出口而言，主要集中在北美洲的美国、加拿大等，欧洲的德国、法国、英国、比利时等，亚洲的中国等。可以看出，亚洲是全球锂产业链上游进口相对较多的地区，欧洲和北美洲是全球锂产业链上游出口相对较多的地区。中国自 2006 年开采总量控制政策实施以来，其锂产业链上游的出口开始逐步收紧，从 21 世纪初的排名前五开始逐渐退出前五阵营。德国于 2009 年启动一项 3.6 亿欧元的"车用锂电池开发计划"，该计划的实施标志着德国进入电动汽车时代，其对锂、钴、镍等电动汽车产业发展亟须矿产的需求持续拉紧，其对锂产

业链上游产品的出口和进口逐渐位居世界前列。

在锂产业链中游产品的国际贸易中，亚洲在锂产业链中游的贸易位置较为重要。传统出口地主要是中国、印度等亚洲国家/地区，传统进口地主要是德国、英国、法国等欧洲国家/地区和美国，这与亚洲独特的资源优势和成本优势有关。

在锂产业链下游产品的国际贸易中，主要进口地是法国、西班牙、意大利、英国、瑞士等电动汽车产业后发欧洲国家/地区，主要出口地是中国、美国、日本、德国等，可以看出，在锂产业链下游，中美竞争的格局逐步深化，中国在锂产业链下游的发展中取得了较为突出的成就，逐渐成为全球最大的锂产业链下游产品出口国。

综上，中国、美国和欧洲是锂产业链贸易网络中最活跃的国家及地区，他们贯穿了锂全产业链的全球贸易，其中，中国锂产业链的贸易关系主要发生在上游产品的进口和中下游产品的出口上，美国锂产业链的贸易关系主要集中于上游和下游的相关产品出口及中游的相关产品进口，欧洲的锂产业链贸易关系覆盖了整个产业链和整个贸易流向（进口、出口），这也与欧洲大力支持电动汽车产业的发展战略紧密相关。

二、锂产业链贸易网络接近中心性分析

接近中心性（closeness centrality）衡量的是一个节点保持独立的程度，即它在多大程度上可以不受他人控制，当其他节点与其越接近，则该节点具有越大的接近中心性，该指标表明了逻辑网络中各个节点间的通达性。

就接近中心性数值而言，通过位序-规模分布（图4.9）发现锂产业链网络呈现显著的三层等级结构体系，锂产业链上游、中游和下游贸易网络中的国家/地区间的通达性随时间变化得到提升。此外，锂产业链上游的国家/地区贸易通达性较低，下游的国家/地区间贸易通达性较高。且2021年锂产业链的下游呈现了显著的小世界特性，国家/地区间的联通效率有了一定改善，接近中心性的分布上断层的现象得到了明显的改善，下层结构中国家/地区的数量减少。

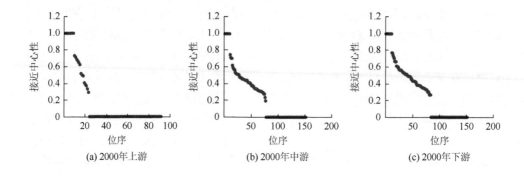

(a) 2000年上游　　　　　　(b) 2000年中游　　　　　　(c) 2000年下游

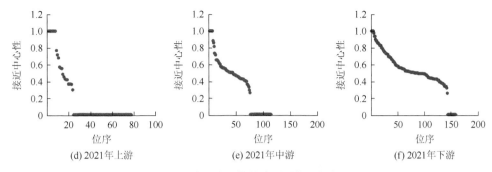

图 4.9 接近中心性位序-规模分布结果

具体而言，表 4.4～表 4.6 列出了 2000～2021 年每间隔 2 年锂产业链上游、中游、下游中接近中心性排名前 20 的国家/地区，这些国家/地区处于锂产业链贸易的相对中心位置，具有很重要的作用。就锂产业链上游而言，南美洲的阿根廷、智利、巴西等，大洋洲的澳大利亚、新西兰等，亚洲的马来西亚、沙特阿拉伯等国家/地区的接近中心性较高（在某些年份为 1）；就锂产业链中游而言，萨尔瓦多、塞尔维亚、科特迪瓦等的接近中心性在某些年份为 1；就锂产业链下游而言，安提瓜和巴布达、巴巴多斯、拉脱维亚、阿尔及利亚等的接近中心性在某些年份为 1。研究发现：接近中心性高的大部分为一些小国，这表明这些国家对区域内其他贸易联结国家/地区的依赖程度较低，在一定程度上是因为其所处的贸易网络的边缘位置使得其依赖性降低。

总体而言，锂产业链的中心国家/地区增减变化幅度较大，其接近中心性为 1 的国家/地区经历了"增加—减少—增加—减少"的波动过程。具体而言，在 2009 年锂产业链的上游、中游和下游国家/地区的接近中心性显著上涨，接近中心性为 1 的国家/地区分别增加至 17 个、15 个和 16 个。造成该现象的可能原因是 2009 年全球开始布局新能源汽车产业，这一年是新能源汽车发展的元年，激增的需求使得锂产业链的国际贸易逐步深化，国家/地区间的紧密性逐渐增强。在 2015 年锂产业链的上游、中游和下游国家/地区的接近中心性显著下降，接近中心性为 1 的国家/地区分别减少至 9 个、3 个和 1 个，尤其在中游和下游，国家/地区的接近中心性降低极为突出。造成该现象的可能原因是寡头垄断竞争格局使得上游国家/地区受到的影响较小，但自然灾害加速产能出清[①]，使得中下游的贸易受阻，从而中下游国家/地区的接近中心性骤减。此外，在 2021 年锂产业链的上游、中游和下游国家/地区的接近中心性呈现小幅下降，接近中心性为 1 的国家/地区分别减少至 7 个、6 个和 4 个，可以肯定的是，新冠疫情的全球大流行导致各国/地区锂产业链的进出口贸易受到一定影响，贸易网络的通达性降低。

---

① 2015 年 3 月末，受厄尔尼诺气候影响，南美暴雨引发特大洪水，南美盐湖提锂产区生产受到严重冲击，导致智利盐湖提锂巨头 SQM 公司位于 Atacama 沙漠的设施停产，Rockwood 公司部分设施停产，阿根廷 FMC 公司碳酸锂外运受阻，约影响全球 40%的供给。

表 4.4　锂产业链上游接近中心性前 20 名国家/地区排序（2000～2021 年）

2000 年		2003 年		2006 年		2009 年		2012 年		2015 年		2018 年		2021 年	
阿根廷	1.00	爱沙尼亚	1.00	新西兰	1.00	美属萨摩亚	1.00	斯洛文尼亚	1.00	伯利兹	1.00	巴西	1.00	巴西	1.00
澳大利亚	1.00	马来西亚	1.00	捷克	1.00	阿根廷	1.00	巴西	1.00	巴西	1.00	突尼斯	1.00	罗马尼亚	1.00
哥伦比亚	1.00	新西兰	1.00	希腊	1.00	希腊	1.00	捷克	1.00	肯尼亚	1.00	土耳其	1.00	新西兰	1.00
捷克	1.00	挪威	1.00	伊朗	1.00	危地马拉	1.00	挪威	1.00	斐济	1.00	匈牙利	1.00	洪都拉斯	1.00
丹麦	1.00	危地马拉	1.00	沙特阿拉伯	1.00	尼日利亚	1.00	喀麦隆	1.00	巴基斯坦	1.00	印度尼西亚	1.00	墨西哥	1.00
印度	1.00	巴拿马	1.00	叙利亚	1.00	墨西哥	1.00	芬兰	1.00	纳米比亚	1.00	沙特阿拉伯	1.00	欧洲其他地区	1.00
斯洛文尼亚	1.00	肯尼亚	1.00	哥斯达黎加	1.00	乍得	1.00	新西兰	1.00	卡塔尔	1.00	哥斯达黎加	1.00	南非	1.00
沙特阿拉伯	1.00	毛里求斯	1.00	丹麦	1.00	智利	1.00	沙特阿拉伯	1.00	赞比亚	1.00	卢森堡	1.00	美国	0.77
阿联酋	1.00	瑞典	1.00	肯尼亚	1.00	斐济	1.00	塞尔维亚	1.00	特立尼达和多巴哥	1.00	巴基斯坦	1.00	德国	0.72
美国	0.73	特立尼达和多巴哥	1.00	墨西哥	1.00	匈牙利	1.00	菲律宾	1.00	新西兰	0.80	肯尼亚	1.00	中国	0.68
韩国	0.71	南非	0.92	危地马拉	1.00	罗马尼亚	1.00	坦桑尼亚	1.00	阿联酋	0.70	尼日利亚	1.00	俄罗斯	0.57
德国	0.69	坦桑尼亚	0.75	乌克兰	1.00	沙特阿拉伯	1.00	乌干达	1.00	美国	0.66	墨西哥	1.00	荷兰	0.56
瑞典	0.67	美国	0.72	阿根廷	1.00	瑞典	1.00	纳米比亚	1.00	南非	0.62	卡塔尔	1.00	印度	0.55
新加坡	0.65	中国	0.59	南非	0.76	坦桑尼亚	1.00	卡塔尔	1.00	印度	0.51	乌克兰	1.00	阿根廷	0.48
中国台湾	0.63	厄立特里亚	0.56	挪威	0.75	黎巴嫩	1.00	南非	0.92	法国	0.50	马来西亚	0.80	中国台湾	0.45

续表

2000年		2003年		2006年		2009年		2012年		2015年		2018年		2021年	
比利时	0.52	其他	0.55	中国	0.62	纳米比亚	1.00	约旦	0.75	日本	0.49	中国	0.67	捷克	0.43
俄罗斯	0.50	印度	0.49	斯洛伐克	0.60	赞比亚	1.00	德国	0.68	沙特阿拉伯	0.47	澳大利亚	0.62	挪威	0.42
英国	0.49	瑞士	0.48	巴基斯坦	0.60	新西兰	0.67	津巴布韦	0.67	俄罗斯	0.46	欧洲其他地区	0.60	韩国	0.42
爱尔兰	0.41	俄罗斯	0.46	日本	0.50	巴西	0.67	比利时	0.51	比利时	0.45	土库曼斯坦	0.60	匈牙利	0.37
荷兰	0.39	加拿大	0.45	欧洲其他地区	0.50	肯尼亚	0.50	法国	0.50	墨西哥	0.40	英国	0.59	其他	0.37

表 4.5　锂产业链中游接近中心性前 20 名国家/地区排序（2000～2021 年）

2000年		2003年		2006年		2009年		2012年		2015年		2018年		2021年	
哥伦比亚	1.00	摩洛哥	1.00	肯尼亚	1.00	阿尔巴尼亚	1.00	多米尼加	1.00	斐济	1.00	塞尔维亚	1.00	萨尔瓦多	1.00
秘鲁	1.00	加纳	1.00	安圭拉	1.00	刚果（布）	1.00	坦桑尼亚	1.00	塞内加尔	1.00	波黑	1.00	特立尼达和多巴哥	1.00
肯尼亚	1.00	斯里兰卡	1.00	阿鲁巴	1.00	新西兰	1.00	塞尔维亚	1.00	突尼斯	1.00	科特迪瓦	1.00	哥斯达黎加	1.00
巴巴多斯	1.00	突尼斯	1.00	毛里求斯	1.00	巴巴多斯	1.00	哈萨克斯坦	1.00	美国	0.81	加纳	1.00	毛里塔尼亚	1.00
科特迪瓦	1.00	哥斯达黎加	1.00	巴基斯坦	1.00	白俄罗斯	1.00	刚果（布）	1.00	中国	0.76	毛里求斯	1.00	摩洛哥	1.00
沙特阿拉伯	1.00	危地马拉	1.00	卡塔尔	1.00	肯尼亚	1.00	加纳	1.00	德国	0.73	尼日利亚	1.00	莫桑比克	1.00
波黑	1.00	伊朗	1.00	塞尔维亚	1.00	黎巴嫩	1.00	摩洛哥	1.00	印度	0.72	特立尼达和多巴哥	1.00	美国	0.88
哥斯达黎加	1.00	埃及	1.00	黎巴嫩	1.00	塞尔维亚	1.00	塞内加尔	1.00	比利时	0.71	坦桑尼亚	1.00	中国	0.86
毛里求斯	1.00	多哥	1.00	卢森堡	1.00	乌干达	1.00	特立尼达和多巴哥	1.00	英国	0.70	危地马拉	0.83	德国	0.81
特立尼达和多巴哥	1.00	乌干达	1.00	特立尼达和多巴哥	1.00	博茨瓦纳	1.00	美国	1.00	西班牙	0.69	哥斯达黎加	0.83	比利时	0.74
巴拿马	0.75	尼日利亚	1.00	荷属安的列斯群岛	1.00	布基纳法索	1.00	肯尼亚	0.82	法国	0.66	中国	0.76	西班牙	0.73
美国	0.71	塞内加尔	1.00	尼日利亚	1.00	萨尔瓦多	1.00	德国	0.78	日本	0.61	美国	0.76	印度	0.71
德国	0.70	关岛	1.00	美国	0.75	毛里求斯	1.00	英国	0.77	荷兰	0.59	德国	0.75	荷兰	0.65
英国	0.70	肯尼亚	0.75	德国	0.74	斯里兰卡	1.00	中国	0.71	捷克	0.57	英国	0.73	法国	0.65
比利时	0.62	巴拿马	0.75	英国	0.69	特立尼达和多巴哥	1.00	印度	0.70	智利	0.56	印度	0.72	意大利	0.65

续表

2000 年		2003 年		2006 年		2009 年		2012 年		2015 年		2018 年		2021 年	
中国	0.59	德国	0.73	法国	0.69	美国	0.78	比利时	0.68	瑞士	0.56	法国	0.71	英国	0.64
瑞士	0.58	英国	0.72	中国	0.69	中国	0.76	西班牙	0.67	奥地利	0.56	比利时	0.70	俄罗斯	0.63
荷兰	0.57	中国	0.69	比利时	0.68	德国	0.69	法国	0.66	韩国	0.56	日本	0.61	日本	0.62
印度	0.57	美国	0.69	波黑	0.67	法国	0.67	荷兰	0.64	中国台湾	0.55	意大利	0.61	韩国	0.61
日本	0.54	坦桑尼亚	0.67	意大利	0.67	安哥拉	0.67	瑞士	0.60	加拿大	0.55	巴拿马	0.60	波兰	0.60

表 4.6 锂产业链下游接近中心性前 20 名国家/地区排序（2000～2021 年）

2000 年		2003 年		2006 年		2009 年		2012 年		2015 年		2018 年		2021 年	
阿尔及利亚	1.00	克罗地亚	1.00	斐济	1.00	阿尔巴尼亚	1.00	安道尔	1.00	毛里塔尼亚	1.00	安提瓜和巴布达	1.00	安提瓜和巴布达	1.00
拉脱维亚	1.00	津巴布韦	1.00	肯尼亚	1.00	阿尔及利亚	1.00	孟加拉国	1.00	美国	0.94	刚果（布）	1.00	巴巴多斯	1.00
肯尼亚	1.00	尼日利亚	1.00	坦桑尼亚	1.00	安哥拉	1.00	乍得	1.00	中国	0.87	利比亚	1.00	贝宁	1.00
加纳	1.00	突尼斯	1.00	塞浦路斯	1.00	安提瓜和巴布达	1.00	关岛	1.00	德国	0.85	缅甸	1.00	圣文森特和格林纳丁斯	1.00
哥斯达黎加	1.00	贝宁	1.00	阿塞拜疆	1.00	新喀里多尼亚	1.00	伊拉克	1.00	日本	0.83	多哥	1.00	中国	0.98
爱沙尼亚	1.00	秘鲁	1.00	巴林	1.00	多米尼克	1.00	美国	0.93	法国	0.79	赤道几内亚	1.00	法国	0.94
津巴布韦	1.00	特立尼达和多巴哥	1.00	塞内加尔	1.00	加蓬	1.00	中国	0.91	英国	0.74	瑙鲁	1.00	德国	0.94
危地马拉	1.00	叙利亚	1.00	赞比亚	1.00	马达加斯加	1.00	法国	0.79	中国香港	0.74	中国	0.97	日本	0.90
毛里求斯	1.00	危地马拉	1.00	关岛	1.00	伯利兹	1.00	日本	0.77	瑞士	0.73	美国	0.93	新加坡	0.88
科威特	1.00	塞尔维亚和黑山	1.00	诺福克岛	1.00	博茨瓦纳	1.00	中国香港	0.73	荷兰	0.73	德国	0.88	马来西亚	0.88
马里	1.00	中国	0.81	多哥	1.00	萨尔瓦多	1.00	瑞士	0.72	意大利	0.72	法国	0.82	英国	0.87
日本	0.77	日本	0.80	美国	0.86	危地马拉	1.00	印度尼西亚	0.72	波兰	0.72	英国	0.82	韩国	0.86
德国	0.77	德国	0.79	英国	0.74	马拉维	1.00	意大利	0.71	中国台湾	0.69	瑞士	0.79	墨西哥	0.86
英国	0.74	意大利	0.72	法国	0.74	关岛	1.00	韩国	0.71	加拿大	0.68	日本	0.79	中国台湾	0.85
中国	0.72	中国台湾	0.70	中国香港	0.71	北马里亚纳群岛联邦	1.00	新加坡	0.71	泰国	0.67	韩国	0.78	西班牙	0.84

续表

2000 年		2003 年		2006 年		2009 年		2012 年		2015 年		2018 年		2021 年	
意大利	0.70	瑞士	0.70	中国台湾	0.70	荷属安的列斯群岛	1.00	中国台湾	0.70	马来西亚	0.67	荷兰	0.76	瑞士	0.83
美国	0.67	中国香港	0.68	瑞士	0.68	美国	0.90	荷兰	0.69	墨西哥	0.67	新加坡	0.76	中国香港	0.83
中国台湾	0.67	美国	0.67	荷兰	0.67	中国	0.89	加拿大	0.68	西班牙	0.67	西班牙	0.76	意大利	0.83
巴基斯坦	0.67	西班牙	0.67	德国	0.67	法国	0.76	比利时	0.67	瑞典	0.67	印度尼西亚	0.75	泰国	0.80
比利时	0.62	比利时	0.67	印度尼西亚	0.67	瑞士	0.74	德国	0.66	澳大利亚	0.66	中国香港	0.75	越南	0.80

三、锂产业链贸易网络介数中心性分析

介数中心性（betweenness centrality）衡量的是一个节点在贸易网络中作为"桥梁"的重要程度，该节点具有较高的资源控制度，往往处于贸易网络的关键地位。越高的介数中心性表明该节点发生的"信息流"越大，即其他节点经由该节点参与全球贸易，该指标可以衡量一个节点的"桥梁"和"枢纽"作用。表4.7～表4.9列出了2000～2021年每间隔2年锂产业链上游、中游、下游中介数中心性排名前20的国家/地区。就上游产业链而言，德国、美国、荷兰、中国扮演着重要的"桥梁"作用；就中游产业链而言，美国、中国、印度、荷兰具有较高的介数中心性；就下游产业链而言，英国、意大利、美国、荷兰、法国占据着重要的"枢纽"位置。就介数中心性的数值而言，研究表明锂产业链上游的节点介数中心性小于中游和下游的节点介数中心性，这表明上游的贸易联系较为固定，中下游的贸易较为灵活，且有些国家/地区的介数中心性呈现了"上升—下降"的波动变化，表明其贸易呈现出"集中—分散"的转变，如德国（上游：366.21→1151.71→288.77）、美国（中游：1800.35→2633.76→985.35）、荷兰（下游：775.85→8755.62→567.14）。此外，中国的介数中心性在上游和中游的贸易网络中排名显著靠前，这表明中国在锂产业链上游和中游的"枢纽"位置突出，在上游和中游具有一定的战略优势。但是，在2006年之后、2018年之前中国在锂产业链上游不是突出的"桥梁"位置，这在一定程度上与开采总量控制政策和出口限制政策的实施有关。此外，中国在锂产业链下游的"枢纽"位置逐渐重要，其在锂产业链下游国际贸易主导国的地位得到巩固与提升，承担了贸易网络中更多的"桥梁"功能，并在2009年首次跻身世界前三，这也与中国加速对新能源汽车产业的战略布局息息相关。另外，全球性突发公共卫生事件加速了贸易网络格局的重组，各国家/地区介数中心性有所下降，这表明贸易开始呈现分散化分布，各国/地区开始采取多元化资源来源的策略来应对可能发生的突发断供情况。值得一提的是，在新冠疫情的全球大流行后，欧洲（法国、德国、西班牙等）和北美洲（加拿大、美国）等成为锂产业链下游的"桥梁"，这些国家/地区掌握了更多的下游资源控制权。

四、锂产业链贸易网络特征向量中心性分析

特征向量中心性（eigenvector centrality）衡量的是一个节点在网络中连接重要节点的程度。一个节点在网络中的重要程度不仅仅与其在网络中相连的节点数量有关，同时也与其相连节点在网络中的重要程度有关，通俗来说，与你连接的节点越重要，你也就越重要。表4.10～表4.12列出了2000～2021年每间隔2年

表 4.7　锂产业链上游介数中心性前 20 名国家/地区排序（2000~2021 年）

2000 年		2003 年		2006 年		2009 年		2012 年		2015 年		2018 年		2021 年	
德国	366.21	美国	580.17	中国	814.40	德国	1151.71	德国	1135.67	荷兰	1810.95	中国	795.30	德国	288.77
美国	268.46	中国	520.95	印度	528.07	美国	455.43	法国	229.31	法国	1144.81	印度	391.02	荷兰	280.07
比利时	141.42	印度	319.13	意大利	523.97	马来西亚	432.18	意大利	187.65	美国	1107.02	英国	290.61	美国	263.34
俄罗斯	86.00	南非	161.13	法国	460.86	英国	308.63	南非	154.19	日本	591.75	荷兰	272.23	中国	224.52
爱尔兰	84.00	意大利	127.70	英国	338.52	意大利	232.11	西班牙	116.47	奥地利	512.33	韩国	249.98	印度	91.36
英国	55.96	瑞士	101.53	瑞士	235.58	加拿大	227.59	韩国	104.02	瑞士	387.73	法国	197.39	挪威	66.50
印度	32.00	西班牙	49.78	马来西亚	199.22	南非	169.82	葡萄牙	64.30	俄罗斯	382.67	以色列	151.94	巴西	13.39
澳大利亚	26.75	荷兰	41.93	新加坡	173.73	法国	169.13	日本	55.07	意大利	368.45	比利时	149.94	中国台湾	4.85
荷兰	17.67	新加坡	34.09	日本	142.50	比利时	104.74	荷兰	43.66	南非	350.47	加拿大	117.50	新西兰	4.33
捷克	11.00	马来西亚	27.68	荷兰	106.95	新加坡	60.01	比利时	41.07	印度	279.06	瑞士	88.66	丹麦	1.67
丹麦	11.00	加拿大	21.79	南非	101.43	中国台湾	55.59	沙特阿拉伯	37.70	印度尼西亚	277.42	奥地利	86.58	捷克	1.17
韩国	7.33	韩国	20.58	中国台湾	55.26	危地马拉	41.00	新西兰	36.00	比利时	234.94	西班牙	54.95	匈牙利	0.53
新加坡	4.88	肯尼亚	19.00	奥地利	46.16	新西兰	40.00	泰国	30.99	阿联酋	186.67	俄罗斯	49.15	罗马尼亚	0.50
奥地利	3.00	泰国	18.80	丹麦	46.00	沙特阿拉伯	29.50	中国台湾	29.44	中国台湾	168.00	澳大利亚	44.73	洪都拉斯	0.00
中国台湾	2.33	爱沙尼亚	16.00	墨西哥	46.00	斐济	21.00	以色列	26.50	泰国	144.31	意大利	42.44	墨西哥	0.00
瑞典	1.67	新西兰	16.00	沙特阿拉伯	40.74	坦桑尼亚	21.00	中国香港	23.47	新加坡	126.01	卢森堡	23.93	欧洲其他地区	0.00
以色列	0.33	巴拿马	16.00	爱尔兰	36.50	阿根廷	11.53	捷克	21.93	新西兰	117.40	巴西	21.61	南非	0.00

续表

2000 年		2003 年		2006 年		2009 年		2012 年		2015 年		2018 年		2021 年	
阿根廷	0.00	澳大利亚	9.79	韩国	34.97	韩国	11.25	纳米比亚	20.00	捷克	79.16	波兰	12.23	俄罗斯	0.00
哥伦比亚	0.00	以色列	9.33	泰国	27.33	西班牙	9.83	乌干达	19.00	马来西亚	65.86	马来西亚	10.02	阿根廷	0.00
斯洛文尼亚	0.00	坦桑尼亚	3.04	新西兰	23.00	智利	9.47	巴西	18.00	巴西	59.60	沙特阿拉伯	9.51	韩国	0.00

表 4.8　锂产业链中游介数中心性前 20 名国家/地区排序（2000～2021 年）

2000 年		2003 年		2006 年		2009 年		2012 年		2015 年		2018 年		2021 年	
美国	1800.35	中国	1466.80	美国	2633.76	美国	2147.38	印度	2882.22	荷兰	8122.13	印度	1995.34	荷兰	1114.23
英国	1421.36	德国	1352.17	德国	1365.12	德国	1361.08	美国	2048.34	美国	2352.40	美国	1697.01	美国	985.35
德国	1250.30	美国	1269.49	中国	1357.12	印度	976.86	德国	1649.99	印度	1545.13	德国	1388.47	中国	659.99
印度	886.67	西班牙	1252.83	法国	1020.08	中国	838.64	智利	1161.82	法国	1102.12	中国	1278.52	德国	536.84
中国	775.24	英国	1170.95	印度	890.29	法国	751.48	法国	997.11	中国	1053.18	荷兰	1158.95	印度	479.34
比利时	730.01	澳大利亚	685.55	奥地利	799.32	英国	654.21	比利时	915.59	西班牙	1007.37	加拿大	742.71	比利时	346.05
墨西哥	592.68	比利时	582.46	意大利	608.47	比利时	593.44	英国	720.32	德国	963.47	法国	699.12	西班牙	337.50
俄罗斯	546.09	法国	533.42	比利时	583.13	西班牙	455.94	中国	609.10	南非	935.38	英国	652.34	法国	256.39
日本	528.11	印度	502.92	英国	534.63	马来西亚	451.96	南非	562.74	比利时	826.68	比利时	605.02	马来西亚	210.50
南非	507.81	俄罗斯	457.18	挪威	458.33	南非	420.91	哥斯达黎加	559.81	英国	746.50	南非	571.57	加拿大	178.25
印度尼西亚	332.53	南非	439.69	加拿大	378.36	墨西哥	407.37	西班牙	493.81	阿联酋	633.89	俄罗斯	538.16	波兰	117.19
加拿大	319.75	古巴	427.00	巴西	371.15	沙特阿拉伯	351.46	荷兰	465.80	加拿大	451.87	澳大利亚	391.68	意大利	104.23
危地马拉	282.44	智利	417.87	格鲁吉亚	358.32	俄罗斯	300.11	马来西亚	444.37	斯洛文尼亚	363.00	智利	319.83	土耳其	103.02
丹麦	267.78	毛里求斯	303.12	南非	353.66	意大利	298.46	俄罗斯	399.23	伯利兹	320.00	韩国	282.15	英国	100.39

续表

	2000 年		2003 年		2006 年		2009 年		2012 年		2015 年		2018 年		2021 年
荷兰	256.54	巴西	299.73	哥伦比亚	312.58	捷克	286.78	澳大利亚	393.75	智利	294.02	马来西亚	275.27	以色列	97.66
巴西	255.82	多米尼加	292.20	斯洛文尼亚	310.91	波兰	267.51	捷克	315.35	波兰	273.04	西班牙	258.79	塞尔维亚	94.72
法国	245.19	意大利	244.23	厄瓜多尔	288.21	巴西	250.79	斯洛文尼亚	280.22	丹麦	265.18	泰国	258.77	格鲁吉亚	93.28
捷克	224.82	日本	228.81	孟加拉国	280.15	荷兰	250.73	阿联酋	272.88	巴西	244.65	越南	257.75	澳大利亚	90.41
瑞士	210.07	捷克	206.35	瑞士	270.09	丹麦	240.33	瑞士	271.13	澳大利亚	233.57	土耳其	245.35	葡萄牙	75.78
新加坡	199.31	荷兰	187.52	西班牙	267.14	芬兰	199.96	奥地利	242.99	奥地利	198.84	阿联酋	232.45	中国台湾	72.43

表 4.9　锂产业链下游介数中心性前 20 名国家/地区排序（2000~2021 年）

2000 年		2003 年		2006 年		2009 年		2012 年		2015 年		2018 年		2021 年	
英国	1216.33	意大利	1275.44	美国	1885.40	美国	1903.66	荷兰	3915.03	荷兰	8755.62	荷兰	3192.21	法国	1431.37
德国	1195.94	德国	1209.21	法国	1629.80	加拿大	1625.37	美国	2873.48	美国	2581.94	美国	1987.77	加拿大	855.44
美国	867.43	法国	938.10	加拿大	1060.71	中国	1428.24	法国	2243.37	加拿大	2025.89	中国	1701.68	德国	747.47
中国	805.04	美国	844.05	西班牙	881.03	西班牙	1421.89	加拿大	1521.35	德国	1395.49	加拿大	1569.77	西班牙	725.59
荷兰	775.83	印度	690.15	墨西哥	880.87	荷兰	1110.63	新加坡	1519.43	法国	1317.94	法国	1231.77	美国	722.70
日本	673.75	西班牙	665.01	德国	787.36	比利时	966.58	德国	1445.86	中国	1295.96	瑞士	1194.39	中国	678.79
意大利	585.07	中国	643.07	新加坡	744.37	德国	897.93	中国	1255.55	澳大利亚	803.90	德国	1141.83	荷兰	567.14
挪威	502.29	比利时	520.91	南非	701.87	韩国	743.18	南非	1216.79	奥地利	691.75	新加坡	1037.12	瑞士	539.66
南非	492.68	日本	511.61	荷兰	693.11	法国	720.30	韩国	1118.13	英国	672.20	西班牙	843.74	斯洛伐克	367.92
捷克	426.21	南非	442.82	英国	675.38	意大利	676.78	阿联酋	853.51	西班牙	669.67	英国	834.38	澳大利亚	298.15
西班牙	368.25	加拿大	379.15	巴西	551.46	南非	570.87	意大利	853.17	南非	654.61	韩国	819.28	英国	285.87
俄罗斯	328.74	瑞士	333.11	意大利	548.75	丹麦	535.88	西班牙	787.77	捷克	642.05	南非	777.34	匈牙利	223.59
比利时	291.07	英国	326.77	澳大利亚	501.30	瑞士	525.24	印度	700.56	芬兰	633.15	波兰	680.24	印度尼西亚	221.77
保加利亚	285.22	泰国	311.96	比利时	462.34	爱尔兰	463.88	卢森堡	661.48	意大利	630.21	马来西亚	658.80	奥地利	209.61
中国台湾	277.22	中国台湾	309.62	奥地利	414.26	巴西	456.98	比利时	658.04	瑞士	613.69	丹麦	586.47	印度	202.42

续表

	2000 年		2003 年		2006 年		2009 年		2012 年		2015 年		2018 年		2021 年	
奥地利	251.56	挪威	303.78	阿根廷	396.94	委内瑞拉	437.92	瑞士	646.82	阿联酋	551.04	奥地利	563.57	捷克	196.60
巴西	249.69	荷兰	288.97	中国台湾	383.72	印度	408.21	奥地利	636.14	日本	474.39	爱尔兰	453.97	多米尼加	185.72
丹麦	242.78	巴基斯坦	267.45	丹麦	383.60	瑞典	364.55	日本	543.22	新西兰	470.22	比利时	405.43	马来西亚	183.78
印度	237.62	新加坡	257.01	印度	373.02	斯洛文尼亚	327.28	巴西	537.14	巴西	459.53	印度	402.12	日本	173.32
阿根廷	220.31	丹麦	217.15	瑞典	348.91	挪威	323.62	爱尔兰	479.40	瑞典	432.99	加纳	374.45	白俄罗斯	170.33

表 4.10　锂产业链上游特征向量中心性前 20 名国家/地区排序（2000~2021 年）

2000 年		2003 年		2006 年		2009 年		2012 年		2015 年		2018 年		2021 年	
意大利	1.00	中国	1.00	卡塔尔	1.00	德国	1.00	德国	1.00	德国	1.00	德国	1.00	德国	1.00
中国	0.89	印度尼西亚	0.99	美国	0.68	加拿大	0.93	印度	0.98	荷兰	0.95	新加坡	0.76	意大利	0.87
印度	0.84	德国	0.88	印度	0.53	中国	0.87	波兰	0.92	阿联酋	0.81	沙特阿拉伯	0.75	法国	0.82
印度尼西亚	0.77	印度	0.87	德国	0.46	中国台湾	0.86	中国	0.90	加拿大	0.77	法国	0.72	捷克	0.82
法国	0.75	马来西亚	0.83	法国	0.44	马来西亚	0.86	阿联酋	0.83	捷克	0.75	中国	0.71	瑞士	0.82
马来西亚	0.62	法国	0.74	比利时	0.43	新加坡	0.85	美国	0.80	突尼斯	0.72	韩国	0.68	加拿大	0.82
菲律宾	0.59	美国	0.74	意大利	0.43	意大利	0.81	意大利	0.77	中国	0.69	瑞士	0.67	比利时	0.82
瑞士	0.59	捷克	0.62	加拿大	0.39	韩国	0.69	法国	0.71	法国	0.63	西班牙	0.62	印度	0.81
新加坡	0.58	意大利	0.61	沙特阿拉伯	0.37	印度尼西亚	0.67	沙特阿拉伯	0.68	南非	0.63	荷兰	0.62	英国	0.80
南非	0.58	南非	0.59	中国	0.37	比利时	0.61	土耳其	0.67	瑞士	0.59	阿联酋	0.58	中国	0.80
挪威	0.58	西班牙	0.59	马来西亚	0.36	西班牙	0.61	加拿大	0.66	沙特阿拉伯	0.59	意大利	0.54	中国台湾	0.73
突尼斯	0.58	加纳	0.58	希腊	0.35	波兰	0.61	印度尼西亚	0.59	英国	0.57	英国	0.53	荷兰	0.72
比利时	0.57	新加坡	0.57	科威特	0.35	日本	0.59	捷克	0.58	印度尼西亚	0.54	中国台湾	0.53	日本	0.67
坦桑尼亚	0.55	韩国	0.53	瑞士	0.35	美国	0.59	巴西	0.56	马来西亚	0.53	美国	0.53	巴西	0.67
荷兰	0.55	以色列	0.53	西班牙	0.34	英国	0.57	英国	0.55	新加坡	0.52	奥地利	0.52	印度尼西亚	0.67
德国	0.54	越南	0.51	英国	0.33	法国	0.55	中国台湾	0.53	意大利	0.52	比利时	0.47	西班牙	0.67

续表

2000 年		2003 年		2006 年		2009 年		2012 年		2015 年		2018 年		2021 年	
科威特	0.53	奥地利	0.50	越南	0.32	捷克	0.54	西班牙	0.52	奥地利	0.46	泰国	0.47	土耳其	0.67
丹麦	0.46	沙特阿拉伯	0.50	捷克	0.31	印度	0.53	希腊	0.52	安哥拉	0.43	波兰	0.46	波兰	0.67
英国	0.45	巴西	0.48	新加坡	0.31	南非	0.52	罗马尼亚	0.49	澳大利亚	0.42	印度	0.46	丹麦	0.65
捷克	0.45	墨西哥	0.48	阿根廷	0.30	土耳其	0.52	韩国	0.48	俄罗斯	0.39	突尼斯	0.44	挪威	0.63

表4.11　锂产业链中游特征向量中心性前20名国家/地区排序（2000～2021年）

2000年		2003年		2006年		2009年		2012年		2015年		2018年		2021年	
英国	1.00	中国	1.00	中国	1.00	德国	1.00	印度	1.00	荷兰	1.00	印度	1.00	荷兰	1.00
中国	0.98	美国	0.87	加拿大	0.97	美国	0.94	美国	0.88	德国	0.53	德国	0.99	中国	0.79
美国	0.96	德国	0.84	德国	0.96	印度	0.93	德国	0.87	印度	0.51	中国	0.97	德国	0.77
印度	0.92	印度	0.80	美国	0.86	波兰	0.86	法国	0.77	美国	0.51	荷兰	0.97	加拿大	0.74
日本	0.89	西班牙	0.78	印度	0.86	英国	0.83	加拿大	0.76	法国	0.49	法国	0.89	法国	0.73
印度尼西亚	0.86	加拿大	0.78	泰国	0.79	马来西亚	0.82	中国	0.75	加拿大	0.48	加拿大	0.89	美国	0.71
德国	0.86	英国	0.77	新加坡	0.78	加拿大	0.81	捷克	0.74	比利时	0.42	美国	0.89	瑞士	0.69
法国	0.80	印度尼西亚	0.76	法国	0.77	比利时	0.80	比利时	0.73	俄罗斯	0.42	韩国	0.88	土耳其	0.68
泰国	0.78	比利时	0.74	巴西	0.76	巴西	0.78	波兰	0.71	英国	0.41	俄罗斯	0.81	比利时	0.67
比利时	0.78	法国	0.72	瑞士	0.74	中国	0.74	新西兰	0.69	西班牙	0.40	英国	0.79	印度	0.66
加拿大	0.74	泰国	0.72	奥地利	0.74	澳大利亚	0.74	荷兰	0.68	中国	0.40	泰国	0.78	意大利	0.64
韩国	0.67	南非	0.69	新西兰	0.72	新加坡	0.74	印度尼西亚	0.68	澳大利亚	0.40	新加坡	0.77	新西兰	0.59
菲律宾	0.67	日本	0.67	卡塔尔	0.71	泰国	0.74	阿根廷	0.66	波兰	0.38	澳大利亚	0.77	匈牙利	0.59
西班牙	0.64	捷克	0.64	印度尼西亚	0.69	法国	0.73	南非	0.62	新加坡	0.37	比利时	0.77	西班牙	0.59
新加坡	0.62	巴西	0.62	意大利	0.68	捷克	0.72	俄罗斯	0.62	奥地利	0.36	印度尼西亚	0.74	奥地利	0.58
俄罗斯	0.62	马来西亚	0.62	英国	0.68	中国台湾	0.69	瑞士	0.61	新西兰	0.36	波兰	0.74	巴西	0.57
巴西	0.61	荷兰	0.61	波兰	0.67	土耳其	0.69	西班牙	0.61	泰国	0.36	西班牙	0.70	波兰	0.56
捷克	0.60	俄罗斯	0.60	墨西哥	0.66	沙特阿拉伯	0.68	墨西哥	0.60	巴西	0.35	南非	0.67	印度尼西亚	0.56
意大利	0.59	韩国	0.59	日本	0.65	韩国	0.68	奥地利	0.60	马来西亚	0.35	捷克	0.66	罗马尼亚	0.56
澳大利亚	0.59	丹麦	0.59	比利时	0.63	新西兰	0.68	新加坡	0.60	土耳其	0.35	巴西	0.65	中国台湾	0.55

表 4.12　锂产业链下游特征向量中心性前 20 名国家/地区排序（2000～2021 年）

2000 年		2003 年		2006 年		2009 年		2012 年		2015 年		2018 年		2021 年	
法国	1.00	德国	1.00	墨西哥	1.00	墨西哥	1.00	荷兰	1.00	荷兰	1.00	荷兰	1.00	荷兰	1.00
德国	0.97	美国	0.97	德国	0.99	英国	0.99	德国	0.89	德国	0.65	法国	0.84	法国	1.00
英国	0.97	法国	0.96	法国	0.94	西班牙	0.96	法国	0.83	法国	0.65	瑞士	0.83	西班牙	0.91
美国	0.90	英国	0.95	捷克	0.91	德国	0.94	英国	0.81	新加坡	0.64	德国	0.79	瑞士	0.89
荷兰	0.85	印度	0.92	西班牙	0.90	加拿大	0.91	西班牙	0.80	加拿大	0.64	波兰	0.78	德国	0.86
西班牙	0.85	西班牙	0.92	荷兰	0.89	荷兰	0.89	美国	0.79	西班牙	0.61	南非	0.77	波兰	0.85
中国	0.84	意大利	0.92	波兰	0.86	印度	0.86	奥地利	0.78	奥地利	0.61	英国	0.75	芬兰	0.84
加拿大	0.82	斯洛伐克	0.92	智利	0.85	丹麦	0.85	韩国	0.78	美国	0.60	美国	0.74	加拿大	0.83
澳大利亚	0.81	俄罗斯	0.91	加拿大	0.84	挪威	0.84	南非	0.75	英国	0.60	加拿大	0.74	奥地利	0.82
意大利	0.78	捷克	0.90	巴西	0.82	美国	0.84	新加坡	0.74	韩国	0.59	奥地利	0.73	捷克	0.82
巴西	0.78	新加坡	0.90	美国	0.81	中国	0.84	加拿大	0.73	南非	0.59	挪威	0.72	丹麦	0.81
捷克	0.73	加拿大	0.86	俄罗斯	0.81	法国	0.83	波兰	0.73	澳大利亚	0.56	中国	0.72	美国	0.81
韩国	0.73	泰国	0.86	南非	0.80	新加坡	0.83	巴西	0.70	意大利	0.56	新加坡	0.70	比利时	0.80
芬兰	0.71	荷兰	0.84	意大利	0.80	比利时	0.83	丹麦	0.69	瑞典	0.55	智利	0.70	瑞典	0.77
泰国	0.71	瑞士	0.83	奥地利	0.79	巴西	0.82	意大利	0.68	匈牙利	0.55	意大利	0.69	匈牙利	0.77
瑞典	0.71	澳大利亚	0.83	新加坡	0.77	捷克	0.82	瑞士	0.68	瑞士	0.55	巴西	0.69	英国	0.76
斯洛文尼亚	0.71	斯洛文尼亚	0.82	印度	0.77	意大利	0.79	阿联酋	0.67	巴西	0.55	西班牙	0.69	斯洛文尼亚	0.76
阿根廷	0.70	瑞典	0.81	克罗地亚	0.76	奥地利	0.78	智利	0.67	阿联酋	0.54	瑞典	0.69	挪威	0.74
挪威	0.69	奥地利	0.80	英国	0.76	泰国	0.76	俄罗斯	0.67	中国	0.54	哥伦比亚	0.69	斯洛伐克	0.74
印度	0.69	丹麦	0.80	哈萨克斯坦	0.76	俄罗斯	0.76	捷克	0.65	智利	0.54	匈牙利	0.68	中国	0.73

锂产业链上游、中游、下游中特征向量中心性排名前 20 的国家/地区。就锂产业链上游而言，意大利、中国、卡塔尔、德国的特征向量中心性排名位居各年第一；就锂产业链中游而言，英国、中国、德国、印度、荷兰的特征向量中心性排名位居各年第一；就锂产业链下游而言，法国、德国、墨西哥、荷兰的特征向量中心性排名位居各年第一。中国在锂产业链上游和中游的特征向量中心性排名要显著高于锂产业链下游，这说明中国在锂产业链上游和中游的发展优势更大。自2018 年以来，中国在锂产业链下游的特征向量中心性由第 12 名降至 2021 年的第 20 名，这在一定程度上和美欧在战略性关键矿产供应链与中国"脱钩"的计划有关，加之中美贸易摩擦的深化，使得中国的战略性关键矿产受到限制，尤其在资源下游受制于人。

第四节　锂产业链贸易网络结构依赖影响因素

一、指数随机图模型

指数随机图模型（exponential random graph model，ERGM）是研究网络结构的统计模型，其目的是简洁地描述塑造网络全局结构的局部选择力。指数随机图模型可用于解释网络中关联关系的形成是源于节点的某种属性特征，外生网络的影响效应，还是源于网络的自组织结构效应。考虑随机图 $G = (V, E)$，令 M 代表与 G 相关的（随机）空间关联矩阵，其中，M_{ij} 代表 G 中存在一条由 i 指向 j 的有向边。记 $m = [m_{ij}]$ 是 M 的一个特定实现，指数随机图模型就是利用各类指数族分布定义 M 中元素联合分布的模型，其最简单的形式如式（4.3）所示。

$$P_\theta(M = m) = \frac{1}{\kappa} \sum_H \exp\{\theta_H g_H(m)\} \tag{4.3}$$

其中，$g_H(m)$ 表示与空间关联矩阵 m 相关的网络统计量；θ_H 表示该统计量的系数；κ 表示归一化常数，

$$\kappa = \kappa(\theta) = \sum_m \exp\left\{\sum_H \theta_H g_H(m)\right\} \tag{4.4}$$

指数随机图模型允许有各种变形和扩展，能够将多类可能影响节点间关系形成的因素纳入模型中。一般而言，影响网络形成的各种因素可分为以下几类。

（1）网络自组织效应 endoge_effect(e)。这类自组织效应通常又可称为内生结构效应，因为它们并不涉及个体属性或其他外生因素，而仅仅来源于网络的内部过程。网络作为一类特殊的复杂系统，其节点间的关系可由网络自我组织形成，即某一些关系的出现往往会促进其他关系的形成。常见的内生结构效应变量包括互惠效应、传递效应和连通效应等。

（2）个体属性效应 nodal_effect(x)，也叫演员关系效应。连接两个节点的边形成的概率不仅取决于其他节点间关系的状态，还取决于各节点本身的属性。可以通过附加统计量的方式将个体属性的影响纳入指数随机图模型中，常见的变量包括 GDP、人口等。

（3）外生网络效应 exoge_effect(z)。除了内生结构和个体属性等自变量外，指数随机图模型还可以采用其他的网络或二元组属性作为模型的自变量。外生网络的选择并不仅仅局限于通常意义上的网络，更加一般的二元关系也可以作为协变量加入模型中，如节点间网络关系的状态可能依赖于节点间的地理距离、共同语言和殖民关系等。

基于上述描述，本章构建的模型方程可表示为

$$P_\theta(Y = y|\theta) = \frac{1}{c}\exp\{\text{endoge\_effect}(e) + \text{nodal\_effect}(x) + \text{exoge\_effect}(z)\} \quad (4.5)$$

其中，Y 表示随机网络数据；y 表示 Y 的真实观测值；c 表示规范化常数；e 表示一系列内生结构特征；x 表示节点个体属性；z 表示外生网络。

二、网络结构依赖影响因素分析

当各个节点（国家/地区）之间存在贸易往来并形成网络结构时，网络结构会影响各节点之间的贸易关系，这就是贸易网络的结构依赖性。本章选用指数随机图模型来进一步探究锂产业链贸易网络的结构依赖以及决定因素，变量描述如表 4.13 所示。为进一步消除异方差问题，对属性变量进行取对数处理。

表 4.13　指数随机图模型的变量描述

分类	变量	描述
常数项	edges	网络密度
内生结构效应	mutual	互惠效应
	gwesp	传递效应
	gwdsp	连通效应
	gwideg	流行效应
个体属性效应	nodecov（gdp）	GDP
	nodecov（pop）	人口
外生网络效应	edgecov（dis）	国家/地区间的地理距离
	edgecov（lang）	是否具有共同语言

通过整体和局部两个维度分别对产业链整体模型结果和各产业端模型结果进行分析，其中，模型的边变量（edges）为截距项，一般不做单独解释，其他变量为控制变量。模型估计中，先引入常数项，再加入个体属性效应，再加入外生网络效应，最后引入内生结构效应形成完整的模型。表 4.14、表 4.15 展示了 2000 年和 2020 年锂产业链整体指数随机图模型估算结果。表 4.16、表 4.17 分别展示了 2000 年和 2020 年的锂产业链上游、中游和下游的指数随机图模型估算结果。系数的含义为在其他条件不变的情况下，统计量每增加一个单位，网络中出现一条边的对数概率会增加，也就是出现新的贸易关系的概率增加。

表 4.14　锂产业链整体指数随机图模型估算结果（2000 年）

变量	模型 1	模型 2	模型 3	模型 4
edges	−2.635 7*** （0.025 6）	−35.250 1*** （0.689 0）	−34.902 8*** （0.713 8）	−30.657 0*** （1.000 0）
nodecov.lngdp		0.785 9*** （0.018 2）	0.810 2*** （0.018 7）	0.686 9*** （0.026 1）
nodecov.lnpop		−0.193 2*** （0.017 6）	−0.190 3*** （0.017 9）	−0.159 4*** （0.017 7）
edgecov.dis			−0.216 4*** （0.016 0）	−0.166 0*** （0.016 9）
edgecov.lang			0.959 1*** （0.085 6）	1.138 2*** （0.089 7）
mutual				−0.293 7** （0.105 9）
gwesp.fixed.0.1				1.088 0*** （0.151 5）
gwdsp.fixed.0.1				−0.121 9*** （0.005 3）
gwideg.fixed.0.1				3.404 0*** （0.401 2）
AIC	12 027.080 9	7 632.190 5	7 371.405 8	6 657.235 8
BIC	12 035.187 0	7 656.508 8	7 411.936 3	6 730.190 7
log–likelihood	−6 012.540 5	−3 813.095 2	−3 680.702 9	−3 319.617 9

注：AIC 为赤池准则（Akaike information criterion），BIC 为贝叶斯信息准则（Bayesian information criterion），log-likelihood 为对数似然；gwesp 通过边共享伙伴度量局部聚类，即在 3 个或更多个顶点之间共享边的传递性
***$p<0.001$，**$p<0.01$

表 4.15　锂产业链整体指数随机图模型估算结果（2020 年）

变量	模型 5	模型 6	模型 7	模型 8
edges	−1.963 5*** （0.019 3）	−36.211 2*** （0.592 1）	−36.960 6*** （0.606 4）	−29.924 6*** （0.791 0）

续表

变量	模型 5	模型 6	模型 7	模型 8
nodecov.lngdp		0.895 5*** （0.016 7）	0.920 3*** （0.017 1）	0.735 7*** （0.022 1）
nodecov.lnpop		−0.355 6*** （0.022 1）	−0.348 9*** （0.014 6）	−0.273 1*** （0.014 2）
edgecov.dis			−0.107 8*** （0.008 9）	−0.074 1*** （0.007 8）
edgecov.lang			0.784 6*** （0.073 9）	0.941 4*** （0.073 1）
mutual				−0.111 0 （0.081 3）
gwesp.fixed.0.1				0.239 8 （0.148 6）
gwdsp.fixed.0.1				−0.130 5*** （0.004 5）
gwideg.fixed.0.1				1.482 7*** （0.404 1）
AIC	18 482.477 6	12 106.827 0	11 890.151 6	10 757.834 6
BIC	18 490.595 0	12 131.179 1	11 930.738 5	10 830.891 1
log-likelihood	−9 240.238 8	−6 050.413 5	−5 940.075 8	−5 369.917 3

***$p < 0.001$

表 4.16　锂产业链上游、中游和下游的指数随机图模型估算结果（2000 年）

变量	模型 9（上游）	模型 10（中游）	模型 11（下游）
edges	−35.8159*** （2.6615）	−27.8239*** （1.1730）	−19.3767*** （1.0587）
nodecov.lngdp	0.6780*** （0.0661）	0.4996*** （0.0277）	0.4131*** （0.0294）
nodecov.lnpop	−0.0743 （0.0530）	−0.0194 （0.0201）	−0.1333*** （0.0185）
edgecov.dis	−0.1087*** （0.0293）	−0.0361· （0.0195）	−0.1003*** （0.0215）
edgecov.lang	−1.5176*** （0.4021）	−0.4940*** （0.1288）	0.3139** （0.1119）
mutual	−2.0147** （0.7738）	0.0090 （0.1354）	−0.4559** （0.1399）
gwesp.fixed.0.1	1.5353*** （0.1805）	1.5759*** （0.1573）	2.3834*** （0.1764）

续表

变量	模型 9（上游）	模型 10（中游）	模型 11（下游）
gwdsp.fixed.0.1	−0.1675*** （0.0245）	−0.1210*** （0.0071）	−0.2449*** （0.0117）
gwideg.fixed.0.1	4.8547*** （0.6008）	3.8346*** （0.4564）	3.4627*** （0.4305）
AIC	4771.8382	4771.8382	4178.3929
BIC	4851.7147	4851.7147	4255.0388
log-likelihood	−2375.9191	−2375.9191	−2079.1964

***$p<0.001$，**$p<0.01$，·$p<0.1$

表 4.17　锂产业链上游、中游和下游的指数随机图模型估算结果（2020 年）

变量	模型 12（上游）	模型 13（中游）	模型 14（下游）
edges	−39.018 7*** （2.846 2）	−31.181 0*** （1.071 0）	−29.750 7*** （0.794 1）
nodecov.lngdp	0.731 7*** （0.066 1）	0.631 6*** （0.027 0）	0.729 9*** （0.021 9）
nodecov.lnpop	−0.114 4** （0.041 2）	−0.138 4*** （0.018 5）	−0.269 8*** （0.013 9）
edgecov.dis	−0.030 8· （0.018 5）	−0.036 5*** （0.010 1）	−0.073 9*** （0.007 6）
edgecov.lang	−0.848 7** （0.271 8）	−0.257 5* （0.103 6）	0.942 3*** （0.073 6）
mutual	−0.033 8 （0.302 8）	−0.361 2*** （0.107 1）	−0.111 0 （0.078 7）
gwesp.fixed.0.1	1.718 9*** （0.188 7）	1.458 5*** （0.193 5）	0.254 4· （0.154 1）
gwdsp.fixed.0.1	−0.208 1*** （0.188 7）	−0.134 0*** （0.006 0）	−0.132 8*** （0.004 3）
gwideg.fixed.0.1	4.545 6*** （0.569 3）	4.567 9*** （0.611 3）	1.451 6*** （0.378 4）
AIC	1 529.226 6	6 436.716 0	10 706.036 0
BIC	1 592.716 1	6 507.729 6	10 807.904 1
log-likelihood	−755.613 3	−3 209.358 0	−5 343.018 0

***$p<0.001$，**$p<0.01$，*$p<0.05$，·$p<0.1$

如表 4.14、表 4.15 所示，2000 年和 2020 年的变量系数正负性相同。在 2000 年整体产业链的变量系数皆通过了显著性检验，大部分变量在 0.1%的置信水平下均显著。而在 2020 年变量 mutual 和 gwesp 未通过显著性检验。从模型 1～模型 8

的 AIC 和 BIC 结果来看，引入网络结构变量越多，模型拟合效果越好。这表明内生结构、个体属性和外生网络效应都对整体网络结构有影响。

从内生结构效应来看，mutual 的系数为负。而后续单产业链的结果中，mutual 的系数是未通过检验或为负。这说明互惠效应在锂贸易中并不明显，贸易参与方并不只是依靠双边机制建立贸易联系。gwesp 和 gwideg 的系数显著为正，表明传递效应和流行效应是存在的。贸易国家/地区会积极寻求其他节点国家/地区的贸易依赖，不断深化以第三方为中介所构成的间接依赖关系。而 2020 年 gwesp 的系数未通过显著性检验，这可能是受全球性突发公共卫生事件的影响，大规模的封闭切断了这种间接贸易关系。gwdsp 的系数显著为负，说明贸易网络存在连通性，其连通路径倾向于闭合，形成闭合三元组。

从个体属性效应来看，GDP 的系数为正，人口的系数为负。这表明高收入国家/地区和低人口国家/地区更加倾向于进行锂贸易，这也与各国/地区的资源禀赋及经济发展水平有一定关系。

从外生网络效应来看，国家/地区间的地理距离的系数为负，共同语言的系数为正。这表明锂贸易仍依赖于传统的海上运输，国家/地区间的地理距离越远，贸易成本越高。贸易参与国家/地区更愿意与距离较近的国家/地区进行贸易，共同的官方语言也拉近了国家/地区之间的贸易联系。

从表 4.16 和表 4.17 可以看出，各产业端之间的贸易结构依赖决定因素存在明显的异质性，变量的系数以及正负性都有变化。gwesp 和 gwdsp 的系数正负性在结果中并未变化，但 2020 年下游 gwesp 的系数未通过显著性检验。同时 gwideg 的系数皆显著为正，但 2020 年下游其系数明显小于上游和中游，这说明新冠疫情的影响会给锂下游产业链最先带来冲击，电动汽车、蓄电池等的应用环节受阻，失去了贸易网络的传递效应。

人口与 GDP 的变化与前面的整体产业链分析大体一致。我们可以发现，2000 年上游和中游人口的系数未通过显著性检验，2020 年皆通过了检验。地理距离的系数与前面的整体产业链相同，都通过了显著性检验。但是共同语言系数的正负性在各产业链环节存在差异。例如，2000 年共同语言的系数在上游和中游为负，而在下游为正，这可能是由于在上中游环节，国家/地区需要大量进口或出口锂原矿石和中间产品，有共同语言的地区会构成竞争关系。而在下游的应用环节，国家/地区间都可获取利润，共同语言的影响促进了贸易依赖。

三、稳健性分析

通过对比 2000 年和 2020 年的产业链整体（模型 4 和模型 8）和各产业端（模型 9～模型 14）的最优模型的拟合优度检验来验证指数随机图模型对锂产业链贸

易网络结构影响的稳健性。首先，绘制模型统计图，然后选择边和共享伙伴作为网络特征，绘制包括真实值和模拟值的箱线图，具体结果如图 4.10 和图 4.11 所示。结果表明指数随机图模型的稳健性良好，变量可以很好地解释贸易网络结构。

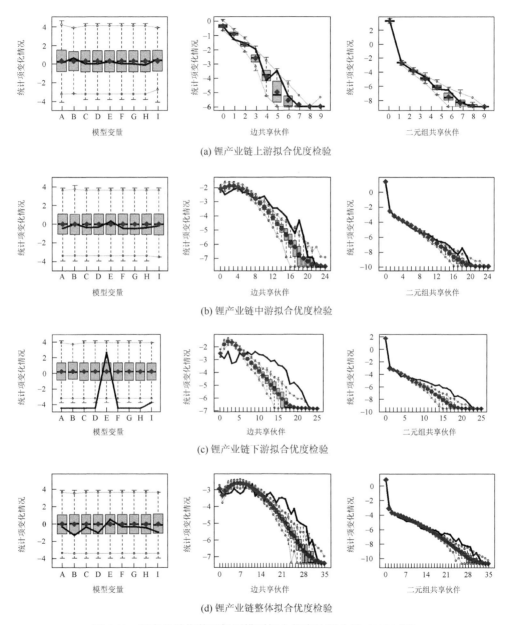

(a) 锂产业链上游拟合优度检验

(b) 锂产业链中游拟合优度检验

(c) 锂产业链下游拟合优度检验

(d) 锂产业链整体拟合优度检验

图 4.10 锂产业链指数随机图模型拟合优度诊断分析（2000 年）

字母 A～I 分别代表变量 edges、nodecov.lngdp、nodecov.lnpop、edgecov.dis、edgecov.lang、mutual、gwesp.fixed.0.1、gwdsp.fixed.0.1、gwideg.fixed.0.1（下同）

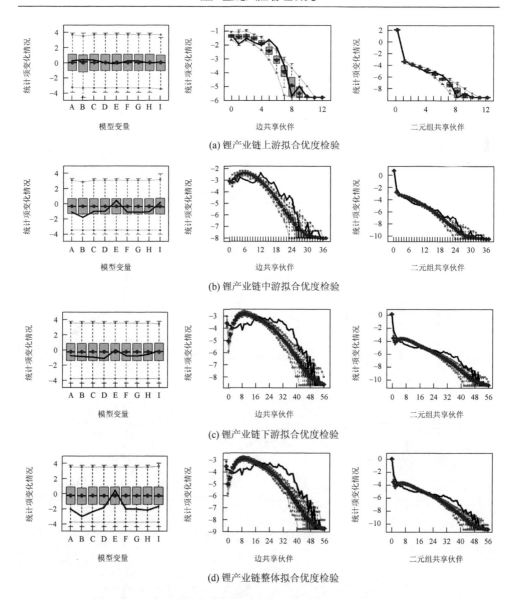

(a) 锂产业链上游拟合优度检验

(b) 锂产业链中游拟合优度检验

(c) 锂产业链下游拟合优度检验

(d) 锂产业链整体拟合优度检验

图 4.11　锂产业链指数随机图模型拟合优度诊断分析（2020 年）

第五章 锂产业链贸易网络结构韧性研究

根据资源依赖理论，国家/地区之间有着密切的贸易关系，这些复杂的贸易联结形成了网络结构，国际贸易解决了矿产资源供需不平衡的问题，促进了国家/地区间的相互交流，保障了国内经济发展[94]，其中，网络结构是决定复杂网络抑制和消除消极传播的关键。鉴于此，探究全球锂产业链贸易网络结构韧性演化趋势，将为优化产业链战略布局，提高产业链稳定性和安全性提供决策依据。

第一节 网络结构韧性指标

网络结构韧性指标的选取是基于网络拓扑结构中不同属性对节点韧性的影响。学者通常将层级性、匹配性、传输性、多样性、自容性等指标作为评估其网络结构韧性的指标。然而，如何对间接和离散的多指标分析进行综合、直观的量化，对于厘清其网络结构韧性演化水平，判定其网络的韧性类型变化具有重要作用。Balland 和 Rigby[236]通过创建"普遍性"与"多样性"双变量的二维矩阵，定量测度了美国城市-科技网络。因此，本章基于 Balland 和 Rigby[236]对于双变量二维矩阵的设定，结合谢永顺等[164]的研究，选取最能直接反映网络结构韧性的两个指标：层级性和匹配性，并构建双变量二维矩阵下的锂产业链贸易网络结构韧性演化评估模型，定量分析 2000 年至 2021 年锂产业链上游、中游和下游的贸易网络结构韧性演化，定性判定其网络结构韧性类型，从而为进一步厘清现状提供依据。

一、基于度分布的网络层级性

网络层级性是指贸易网络中所容纳的节点国家/地区对外关联强度的等级分布，层级性越高说明网络中的节点等级从低到高跨度越大，网络中存在一个或多个核心节点，这些节点与其他节点有着大量的贸易往来与联系，通常会引导形成中心式网络结构。一方面，中心式网络结构使得网络在抵御外部风险时具有一定的"鲁棒性"，能够引发从众效应从而促使网络凝聚力和竞争力增强。另一方面，中心式网络结构会在一定程度上导致非核心节点产生路径依赖，一旦核心节点遭受冲击而面临瘫痪，其节点间的联系会大大降低，网络的流动性会降低，网络的脆弱性将会加剧。相较而言，在层级性较低的网络中，节点等级差异较小、路径多元、聚集程度均衡、网络整体关联结构扁平化等特征使得外部风险通过单个节点影响整个网络的可能性降低，网络对于风险的敏感度较低，与此同时，层级性低的网络全局缺乏凝聚力、组织力和竞争力，不利于网络发展。因此，适度的层级性对于网络发展具有重要意义，要在兼顾"鲁棒性"和"脆弱性"的基础上，确保凝聚力、组织力和竞争力，同时适度地引导网络扁平化发展。锂产业链贸易网络层级性可以用节点国家/地区的度及度分布进行测度。通过借鉴位序-规模法则，基于节点国家/地区的度值对网络中所有节点按照升序排序并绘制幂律曲线，其度分布公式满足：

$$k_i = Ck_i^{*a} \tag{5.1}$$

对公式进行对数处理后得

$$\log k_i = \log C + a\log k_i^* \tag{5.2}$$

其中，k_i 表示节点 i 的度；k_i^* 表示节点 i 的度在网络中的位序排名；C 表示常数项；a 表示度分布的斜率，且 $a < 0$。

二、基于度关联的网络匹配性

网络匹配性是指网络中节点度之间的相关性。根据节点与类似的节点的联系可以分为同配性网络和异配性网络。其中，同配性网络包括核心—核心、边缘—边缘的网络关联结构；异配性网络则是核心—边缘的网络关联结构。在同配性关联主导的网络中，节点间由于高同质性形成了固化的联系路径，使得网络形成强强联合和弱弱互助的封闭式抱团结构。同配性使得异质交流的可能性降低，一旦外界发生突变或核心节点故障，同配性网络可能会因偏好依附或区域锁定而效益降低甚至丧失对系统的自适应能力，增大网络风险。异配性网络则表现出较好的一致性交流与互补性合作能力，使得节点更容易突破僵化的联系路径而向网络外围传播，促使网络走向异质化和开放化，从而提高网络韧性能力。锂产业链贸易网络匹配性可以用度关联进行测度，即网络中每个节点都有与其相连的相邻节点（V_i），这些相邻节点度的平均值可以表示为

$$\overline{k_i} = \frac{1}{k_i} \sum_{j \in V_i} k_j \tag{5.3}$$

其中，k_j 表示节点 i 相邻节点 j 的度；V_i 表示节点 i 所有相邻节点 j 的集合。然后，对 k_i 与 $\overline{k_i}$ 进行线性估计：

$$\overline{k_i} = D + bk_i \qquad (5.4)$$

其中，D 表示常数项；b 表示关联系数，若 $b > 0$，网络为同配性网络，反之，则为异配性网络。

第二节 网络结构韧性类型及演化判定

一、网络结构韧性类型判定

参考 Crespo 等[158]对网络结构韧性的研究，将网络结构韧性细分为如表 5.1 所示的三类。

表 5.1 网络结构韧性判定

项目	随机网络	同配性网络	韧性网络
度分布	$|\alpha| \approx 0$	$|a| > 0$	$|a| > 0$
度关联	$b \approx 0$	$b > 0$	$b < 0$

资料来源：参考 Crespo 等[158]的研究

（1）随机网络：随机网络最大的特征就是结构平坦，无显著核心节点。其随机分布的网络结构导致了网络中任何节点发生故障都不会对整体网络造成影响，其对外部风险的抵抗力较高。但是随机网络中由于各节点间均有多条路径联系，不会形成固化的联系模式，从而也无法形成聚类效应和整合效应，导致网络集体行为的主导性与控制力较差。

（2）同配性网络：该类网络层次结构立体，具有较强的凝聚力，在度分布上呈现出较大的斜率（$|a| > 0$）。但由于其外围节点与核心节点的连接较为松散，节点的寡头结构与外围结构之间的桥接能力较弱，因此，易导致同质抱团现象，显著（$b > 0$）过度的同配性导致网络的流动性较差，核心节点受冲击后对整体网络的影响较大，容易造成区域锁定且影响网络结构韧性。

（3）韧性网络：该类网络在度分布上呈现较大的斜率（$|a| > 0$），度关联系数为负（$b < 0$），即呈现出一定的异配性。度关联系数为负表示网络核心与边缘形成了较为紧密的联系，网络的整体流动性较强，核心成员的随机缺失对网络的冲击不大，网络具有自适应调整机制，网络结构韧性较大。同时，这类网络中的寡头组织能够在其关系模式的重叠探索和利用中将封闭与桥接模式相结合，使得要素更容易从外向内扩散蔓延。

二、网络结构韧性演化水平综合指数

为了量化网络结构韧性演化水平，基于谢永顺等[164]的研究，构建了双变量二维矩阵下的锂产业链贸易网络韧性演化评估模型，确定了网络结构韧性演化水平综合指数，用于量化网络结构韧性的提升（或下降）水平与发展质量（或衰减情况）。如图 5.1 所示，P 为 A 点或 B 点与直线 $\Delta b = \Delta|\alpha|$ 的垂直距离，Q 为 A 点或 B 点与直线 $\Delta b = -\Delta|\alpha|$ 的垂直距离，L 为 A 点或 B 点与原点的距离。当点落在浅灰色区域，表示该网络在演化过程中的网络结构韧性受到削弱；反之，当点落在深灰色区域，则表示该网络在演化过程中的网络结构韧性得到提升。点与原点的距离越大，表明其韧性演化幅度越大，反之则越小。P/Q 表示网络结构韧性发展的质量，该值越大表明网络结构韧性发展的质量越好，或者衰减得越明显。其中，浅灰色区域定义为网络结构韧性衰退区域，用"−"表示，深灰色区域定义为网络结构韧性提升区域，用"+"表示。据此，网络结构韧性演化水平 R 表示如下：

$$R = \pm PL/Q \tag{5.5}$$

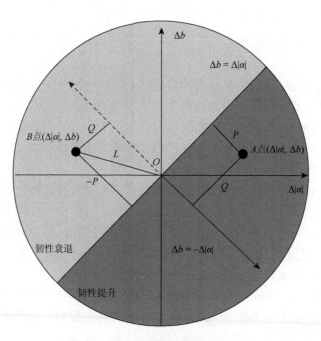

图 5.1　网络结构韧性演化综合水平

资料来源：根据谢永顺等[164]的研究绘制而成

第三节 锂产业链贸易网络结构韧性分析

一、层级性分析

从锂产业链贸易网络度分布特征来看（图 5.2），锂产业链上游、中游和下游的度分布拟合曲线斜率差异不大，且在研究期限内其层级性的演化程度较小，这表明锂产业链上游、中游和下游的网络结构层级性存在分异，其核心节点国家/地区集群的地位在网络中较为固定。2000 年锂产业链上游贸易网络中存在美国（58）[①]、德国（53）、英国（23）、比利时（16）、印度（12）等核心节点国家/地区集群，中游贸易网络中存在美国（109）、英国（105）、德国（103）、中国（73）、比利时（73）等核心节点国家/地区集群，下游贸易网络中存在德国（128）、英国（122）、日本（115）、中国（110）、意大利（106）等核心节点国家/地区集群；2021 年锂产业链上游贸易网络中存在美国（50）、德国（47）、中国（42）、印度（29）、荷兰（22）等核心节点国家/地区集群，中游贸易网络中存在中国（108）、美国（107）、德国（103）、荷兰（87）、印度（86）等核心节点国家/地区集群，下游贸易网络中存在法国（162）、德国（146）、中国（139）、西班牙（135）、瑞士（134）等核心节点国家/地区集群。

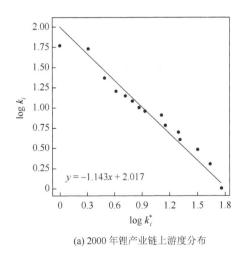

(a) 2000 年锂产业链上游度分布

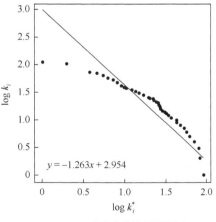

(b) 2000 年锂产业链中游度分布

---

① 括号内为其节点度。

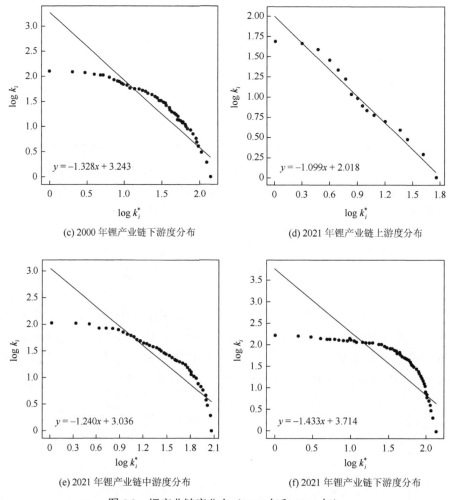

(c) 2000 年锂产业链下游度分布　　　　(d) 2021 年锂产业链上游度分布

(e) 2021 年锂产业链中游度分布　　　　(f) 2021 年锂产业链下游度分布

图 5.2　锂产业链度分布（2000 年和 2021 年）

从图 5.2 中可以看出，上游和中游网络曲线的斜率 $|a|$（上游：1.143→1.099；中游：1.263→1.240）随时间发展逐渐减小，表明其网络内部层次性随时间发展逐渐减弱，网络的扁平化特征加剧，其边缘节点数呈现相对均质的分散分布，网络连通性增加，网络脆弱性较弱；下游网络曲线的斜率 $|a|$（下游：1.328→1.433）随时间发展逐渐增加，表明在锂资源下游产业链的全球贸易中，存在十分突出的核心节点国家/地区，其内部形成了以核心节点群体为主的中心式结构。由于锂产业链下游的应用技术集中掌握在少数国家/地区手中，且不同国家/地区对锂产业链下游发展的重视度不同，国家/地区节点间异质性较大，所以导致其下游网络立体化特征加剧，同时也加剧了边缘节点对核心节点的路径依赖。

二、匹配性分析

从锂产业链贸易网络关联系数来看，其产业链上游和中游存在显著的同配性结构特征（图 5.3）。具体而言，网络关联系数 b 均为正值，表明其网络存在正关联，核心节点的寡头结构与由边缘节点组成的外围结构的桥接能力较弱。同质抱团现象显著，即存在核心—核心、边缘—边缘的贸易联系。同质化的交流易产生强联系纽带，从而使异质交流降低，贸易网络的联系路径固化，易出现区域锁定效应。此外，研究期限内，锂产业链上游的 b 值有所增加，表明其网络同配性特征增加，网络结构韧性受到冲击。锂产业链上游资源分布固定，其资源依赖较强，因此其贸易联系较为固定，各国/地区更倾向于与资源丰富的国家/地区建立贸易联系，导致其网络同配性增加。锂产业链中游和下游的 b 值均

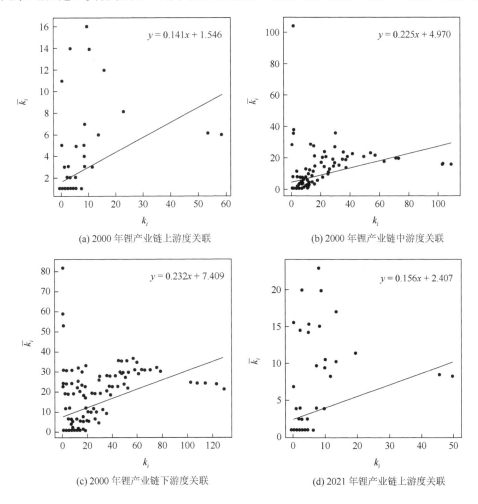

(a) 2000 年锂产业链上游度关联

(b) 2000 年锂产业链中游度关联

(c) 2000 年锂产业链下游度关联

(d) 2021 年锂产业链上游度关联

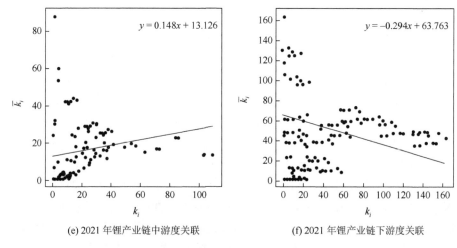

(e) 2021 年锂产业链中游度关联　　　　　　　(f) 2021 年锂产业链下游度关联

图 5.3　锂产业链度关联（2000 年和 2021 年）

有所降低，表明其网络同配性特征减弱，网络路径连接形式更多元，网络结构韧性有所提升。此外，锂产业链下游的 b 值降低得最为显著，且降低至负值，表明其网络结构异配性提升，网络结构韧性得到显著提升。近年来，中国、美国、日本、欧洲等国家和地区把发展重心放在新能源汽车产业上，锂产业链下游发展突飞猛进，各国/地区也相继出台了一系列产业政策来保证其产业发展，同时也增加了与其他国家/地区的联系，通过专业化分工协作和扩大对外联系，使集群网络效率得到提升，各要素的流动更加通畅，突破了僵化的路径，使下游产业链韧性得到了极大提升。

三、网络结构韧性类型演变

根据表 5.2 的锂产业链网络结构韧性类型判定，对锂产业链上游、中游、下游 2000~2021 年每隔 2 年的层级性和匹配性进行估计，得到锂产业链上游、中游和下游的层级性与匹配性演化趋势图（图 5.4~图 5.6），研究表明锂产业链上游和中游的网络结构韧性类型较为稳定，网络类型未发生改变，一直为同配性网络。但是锂产业链下游的网络结构韧性类型波动较大，其网络结构韧性类型在 2015 年和 2021 年经历了由同配性网络向韧性网络的转变。就层级性演化而言，锂产业链上游层级性波动较小，其网络内部的联系路径较为固化，核心节点国家/地区集群地位较为稳固；锂产业链中游层级性波动较大，且 2009 年层级性最大，表明核心节点国家/地区集群变化较为明显，具体现实反映在，2009 年，在全球锂产业链中游贸易网络中，中国一跃成为节点度排名第二的主要核心节点国家，成为仅次于美国的全球第二大出口国，2009 年中国出台《汽车产业调整和振兴规划》，并启动"十城千辆节能与新能源汽车示范推广应用工程"，开始瞄准锂电池产业赛道进行布局，加之日本的技术创新的边际改善作用减弱，在全球供应链降低制造成本的背景下，中国的成本优势开始显现，且中国锂电池产业链逐步完善，为中国巩固中游核心节点位置、保证产业发展提供了机遇。此外，新冠疫情的全球性暴发，给锂产业链带来了强烈冲击，其具体表现在上游产业链层级性骤减，下游产业链层级性暴增，且其匹配性均大幅度下降，尤其下游的匹配性降至负数，这在现实中映射为，上下游对接不畅，导致锂产业链供应链阶段性供需失衡严重，部分中间产品及材料价格剧烈波动、超出正常范围。此外，可以看出突发事件限制出口导致了锂产业链上游网络层级性的大大降低，但使得锂产业链下游网络的层级性显著提升，这表明下游网络更存在路径依赖的特征，但是其网络的高异配性在一定程度上弥补了高层级性造成的网络不稳定，因此贸易网络逐渐演化成韧性网络，可以自适应冲击带来的系统性变化。

表 5.2 锂产业链网络结构韧性类型判定

年份	产业链	$\|a\|$	b	网络类型	年份	产业链	$\|a\|$	b	网络类型
2000	上游	1.143	0.141	同配性网络	2012	上游	1.150	0.201	同配性网络
	中游	1.263	0.225	同配性网络		中游	1.234	0.197	同配性网络
	下游	1.328	0.232	同配性网络		下游	1.344	0.070	同配性网络
2003	上游	1.101	0.163	同配性网络	2015	上游	1.177	0.141	同配性网络
	中游	1.221	0.257	同配性网络		中游	1.244	0.098	同配性网络
	下游	1.298	0.221	同配性网络		下游	1.343	−0.148	韧性网络
2006	上游	1.138	0.187	同配性网络	2018	上游	1.258	0.229	同配性网络
	中游	1.257	0.198	同配性网络		中游	1.250	0.194	同配性网络
	下游	1.248	0.220	同配性网络		下游	1.254	0.061	同配性网络
2009	上游	1.100	0.156	同配性网络	2021	上游	1.099	0.156	同配性网络
	中游	1.282	0.232	同配性网络		中游	1.240	0.148	同配性网络
	下游	1.246	0.194	同配性网络		下游	1.433	−0.294	韧性网络

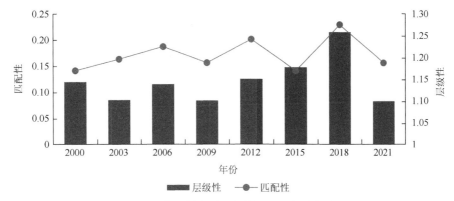

图 5.4 锂产业链上游层级性和匹配性演化趋势

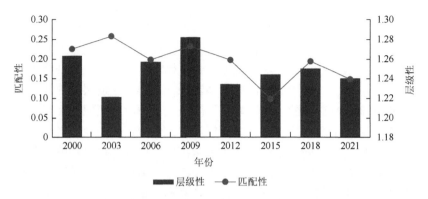

图 5.5　锂产业链中游层级性和匹配性演化趋势

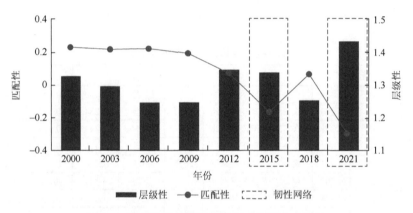

图 5.6　锂产业链下游层级性和匹配性演化趋势

四、网络结构韧性演化水平综合指数分析

根据层级性和匹配性结果，构建了演化坐标系，在坐标系上映射了 2000 年到 2021 年锂产业链上游、中游和下游的演化水平坐标分布，并且将上游、中游和下游的具体演化过程在坐标系中表现出来（图 5.7）。图中 A 点、B 点和 C 点分别为锂产业链的上游、中游和下游在 2000～2021 年的网络结构韧性综合演化水平，为了进一步拆解其演化路径，对 2000～2021 年以每隔三年进行了拆分，其中，$A1$～$A7$ 分别为 2000～2003 年、2003～2006 年、2006～2009 年、2009～2012 年、2012～2015 年、2015～2018 年、2018～2021 年这七个阶段的锂产业链上游网络结构韧性的演化路径，同理，$B1$～$B7$ 和 $C1$～$C7$ 为锂产业链中游和下游的网络结构韧性在这七个阶段中的演化路径。由图 5.7 可得，锂产业链上游的综合结构韧性衰退显著，但是衰退程度不大；锂产业链中游的综合结构韧性提升，但提升程度较小；锂产业链下游的综合结构韧性提升显著，且提升程度巨大。具体而言，锂产业链

上游结构韧性经历了"衰减—提升—衰减"的波动过程，锂产业链中游结构韧性
经历了韧性衰减到韧性提升的震荡波动过程，锂产业链下游结构韧性经历了"衰
减—提升"的演化过程。总体而言，锂产业链的结构韧性一直处于波动变化状态，
根据态势对其进行排名，可以得到上游韧性＜中游韧性＜下游韧性。为进一步
量化网络结构韧性的提升（或下降）水平与发展质量（或衰减情况），根据网络
结构韧性演化综合水平二维模型测算了网络结构韧性演化水平综合指数，结果
见表 5.3。锂产业链上游、中游和下游的网络结构韧性演化水平综合指数依次为
−0.094、0.0434 和 0.8040。从 2000 年至 2021 年锂产业链下游的网络结构韧性得
到了极大提升，提升幅度巨大，可以看出其下游网络已成为可以抵御风险，自适
应外部冲击的韧性网络。

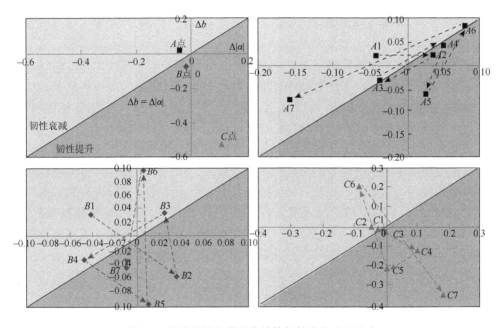

图 5.7 锂产业链贸易网络结构韧性演化水平分布

表 5.3 锂产业链贸易网络结构韧性演化水平综合指数

产业链	P	L	Q	R	演化趋势
上游（A 点）	0.0417	0.0465	0.0205	−0.0946	−
中游（B 点）	0.0382	0.0804	0.0707	0.0434	+
下游（C 点）	0.4462	0.5364	0.2977	0.8040	+

注：P 为 A、B、C 点与直线 $\Delta b = \Delta|\alpha|$ 的垂直距离，Q 为 A、B、C 点与直线 $\Delta b = -\Delta|\alpha|$ 的垂直距离，L 为 A、B、C 点与原点的距离，R 为韧性演化水平

伴随着新能源等战略性新兴产业和储能技术的发展，全球锂资源的需求也水涨船高，锂资源成为广受关注的热点矿产资源之一，也是全球市场需求增长最快的"新能源金属"之一，资源安全对于各国的重要性不言而喻。美国银行全球研究部曾表示全球电动汽车市场将面临电池断供的威胁，动力电池最早将在 2025 年供不应求。产能不足导致"电池荒"将成为各国发展新能源汽车产业的共同危机。此外，新能源汽车市场增长超出预期，动力电池核心原材料价格上涨，储能电池业务大幅增长等情况或将导致动力电池的供需缺口日益扩大。飞速扩大的新能源汽车市场及原材料的头部垄断使各国纷纷在锂产业链的上游和下游进行布局，维护产业链供应链安全成为全球关注的热点。

日本经济产业省将对日本企业的锂等重要矿物的冶炼和矿山开发项目的一半成本进行补贴，以确保锂和稀土金属等对电动汽车电池和发动机至关重要的原材料的供应，智利出台锂矿国有化法案，玻利维亚呼吁共同努力加速组建锂矿生产国组织"锂佩克"等，这些说明各国/地区政府对锂资源的管制逐渐加强。此外，各企业也纷纷布局海外资源渠道以保障生产，韩国 LG 新能源公司与巴西、澳大利亚锂矿展开合作，中国比亚迪正在加入拉美锂矿开采热潮，以锁定更多的动力电池关键原材料供应。未来，各国/地区在锂产业链上游的布局将呈现多元化倾向，上游产业链韧性在一定程度上会得到提升。

此外，以美国为代表的发达国家/地区纷纷出台"再工业化"政策，制定了一系列推动制造业回流的措施：对外高筑关税壁垒、严格限制技术出口；对内增加高新技术投入、实施税收补贴，通过提高其高端产业的竞争力增强对全球生产网络的控制力。针对全球供给与需求双中心的中国，美国一方面对华实施技术封锁，压缩中国全球化产业的发展空间；另一方面不断向其他国家施压，试图引发其他国家"去中国化"的协同效应[237]。尽管中国在锂产业链中游占据一定的话语权，但是在核心技术的研发与突破及电池的高效循环利用体系上仍然存在很大的提升空间，随着美国制造业回流政策的深化，技术层面的"卡脖子"将会成为一个更加迫切的问题。毋庸置疑，在资源阵营化、地缘政治和大国博弈的背景下，锂产业链将面临资源需求增加、价格波动和产业竞争加剧的多态叠加局面，未来的锂产业链一定是"资源"、"技术"和"市场"的擂台。

第六章　锂产业链贸易网络脆弱性研究

外部发展环境不确定性的日渐增强，使得锂资源的供应链面临较大的"断链"风险。因此，在内部经济转型和外部不确定性的双重约束下，厘清锂产业链脆弱性，对优化产业链布局、保障资源安全、实现高质量发展战略目标至关重要[238]。现有的网络脆弱性研究主要集中在交通网络、航运网络、信息网络、创新网络等，对贸易网络脆弱性的研究较少，尤其是关键矿产资源贸易网络脆弱性。此前，有学者采用指标评价法和系统动力学方法对锂[181]、稀土[239]、钽[177]等资源的脆弱性进行了评估与分析，但有别于前人的研究，本章侧重于模拟中断风险发生时的锂产业链贸易网络的动态变化，通过模拟可以帮助决策者对关键节点和网络的潜在风险进行有效识别，从而制定合理的政策及预案以规避风险和优化现有网络。此外，现有的研究成果主要关注单一年度网络脆弱性的静态特征，缺少对多年度网络脆弱性的动态对比。因此，本章从产业链视角出发，通过对比 2000 年和 2021 年锂产业链贸易网络脆弱性相关指标，来反映其变化趋势和程度。随着战略性关键矿产对经济增长的贡献得到充分发挥，对未来全球经济结构和产业结构升级的作用日益凸显，国家/地区对锂产业链的稳定性提出了更高的要求，其脆弱性研究的重要性更是不言自明。

第一节　贸易网络脆弱性分析方法

一、PageRank 中心度

脆弱性分析中的一个关键问题是关键节点的识别，关键节点影响整个网络的安全性，在确定关键节点之后，可以通过加强与关键节点的联结或寻求新的替代路径来增强网络稳健性[240]。贸易网络中的节点具有三类网络特征：中心性、联系强度和网络异质性[75]。其中，中心性是社会网络节点特征的核心指标之一，包括度中心性、介数中心性、接近中心性、特征向量中心性等。但是，锂产业链的贸易网络是一个高度关联的网络，其许多中心度指标在多个国家/地区达到或接近 1，这为通过模拟节点失效来测度锂产业链贸易网络脆弱性带来了不便，为此，本章引入 PageRank 中心度算法来识别锂产业链贸易网络中的关键节点。近年来，越来越多的学者使用 PageRank 中心度对世界贸易网络格局进行研究，因为该算法不仅可以全面反映贸易网络特征，还进一步强化了贸易关联并弱化了相连节点中心度的影响[241]。

PageRank 中心度于 1999 年被提出，被 Google 应用于对网页搜索排名进行分析，该方法通过分析数据的关系结构性确定每个节点在网络中的重要位置，也就是说，PageRank 中心度认为一个节点的重要程度不仅取决于该节点本身的度，也取决于其相邻节点的重要程度。它是特征向量中心性的延伸，但可以很好地弥补特征向量中心性在计算过程中可能存在中心性传递的不足（即高中心性网络节点可能会将其中心性传递至其所连接的节点），从而更加准确地反映节点在网络中的重要性。PageRank 中心度的计算公式为

$$PR(i) = c\sum_{i\in B_i} \frac{PR(j)}{N_j} \tag{6.1}$$

其中，$PR(i)$ 表示节点 i 的 PageRank 中心度；$PR(j)$ 表示节点 j 的 PageRank 中心度；B_i 表示节点集合；N_j 表示节点 j 的出度；c 表示每个节点的初始权重，本文对其取均值，具体结果由幂迭代算法获得。PageRank 中心度反映了国家/地区在国际贸易网络中的"枢纽"地位，以及对资源的控制和获取能力，其值越大，说明该节点在全球贸易网络中越处于中心"枢纽"地位，引领能力越强。

二、脆弱性评价指标

为了分析锂产业链贸易网络脆弱性变化，需要选择对其影响显著的网络特征值。现有网络脆弱性研究可以细分为基于拓扑结构的脆弱性研究和基于系统的脆弱性研究两类。在基于拓扑结构的脆弱性研究中，网络效率和连通性是两项重要的性能指标[191]；基于系统的脆弱性研究更侧重于网络的功能性，网络流是反映网络性能的最佳指标[192]。本章参考王诺等[196]、吴迪等[202]、沈吟东和宫剑[242]、于娱等[179]的研究，选取了反映网络聚集性的聚集系数、反映网络传输性的平均最短路径、反映网络互动性的介数中心性和反映网络效率性的网络效率来量化对比锂产业链的网络脆弱性变化情况。

1. 网络集聚性——集聚系数

集聚系数指在一个网络中，各个节点聚集在一起的程度。该指标度量一个整体网络的贸易密切性，即该网络中各个节点的聚类系数的平均值。公式如下：

$$C = \frac{1}{m}\sum \frac{m}{k_i(k_i-1)} \tag{6.2}$$

其中，m 表示节点 i 的各邻居之间边的数量；k_i 表示节点 i 的度值。

2. 网络传输性——平均最短路径

平均最短路径指经过网络中两个节点之间最短路径的平均值。该指标衡量网

络中各节点之间贸易交互效率的高低，数值越大则说明贸易传输需要跨越的边数越多，贸易交互效率越低。公式如下：

$$L = \frac{1}{n(n-1)} \sum_{ij} d_{ij} \tag{6.3}$$

其中，n 表示节点数；d_{ij} 表示节点 i 和节点 j 之间的最短路径，即最短边数。

3. 网络互动性——介数中心性

介数中心性指网络中最短路径穿过该节点的次数。该指标衡量在网络中发挥"桥梁"作用的节点的中介能力，代表某节点与其他节点之间的互动程度。公式如下：

$$BC_i = \sum_{s \neq i \neq t} \frac{g_{st}^i}{g_{st}} \tag{6.4}$$

其中，g_{st} 表示节点 s 到节点 t 的最短路径的数量；g_{st}^i 表示这些路径经过节点 i 的次数。

4. 网络效率性——网络效率

网络效率指网络中所有节点效率的总和，反映要素在网络中流动的难易程度，即网络效率越高则连通性越好。公式如下：

$$E = \frac{1}{n(n-1)} \sum_{i=1}^{n} \sum_{j=1(i \neq j)}^{n} h_{ij} \tag{6.5}$$

其中，n 表示节点总数；h_{ij} 表示最短路径 d_{ij} 的倒数。

第二节　节点重要度核密度估计

本节基于 Python 计算出了锂产业链 2000 年与 2021 年上游、中游和下游的 PageRank 中心度，前 10% 的节点如表 6.1 所示。为了观察锂产业链贸易网络的总体特征，分别做出 2000 年和 2021 年的锂产业链贸易网络 PageRank 中心度的核密度分布图，如图 6.1 所示。研究表明：①锂产业链的上游、中游和下游的核密度图均呈现有偏分布，说明大部分国家/地区的 PageRank 中心度较低，在锂产业链的全球贸易中只存在少部分的核心国家/地区是贸易的核心位置，掌握着绝对的贸易控制权；②锂产业链上游、中游和下游的全球贸易网络总体格局呈现较大的变化，具体表现在各产业端的 PageRank 中心度核密度图呈现右偏趋势，峰值明显下降（尤其是锂产业链上游），且锂产业链的全球贸易网络呈现出多中心的现象，从一开始的贸易集中于某几个国家/地区，到越来越多的国家/地区建立了更广泛的贸易关系。

表 6.1　　PageRank 中心度前 10%的国家/地区

年份	产业链	PageRank 中心度前 10%的节点
2000	上游（9 个）	瑞士、德国、埃塞俄比亚、丹麦、厄瓜多尔、科威特、印度、印度尼西亚、日本
	中游（15 个）	日本、泰国、美国、德国、法国、中国、印度尼西亚、印度、英国、中国台湾、捷克、斯洛伐克、比利时、韩国、科威特
	下游（15 个）	美国、英国、法国、中国、德国、委内瑞拉、拉脱维亚、中国台湾、爱沙尼亚、哥伦比亚、新加坡、荷兰、西班牙、加拿大、巴西
2021	上游（8 个）	法国、荷兰、意大利、印度、德国、巴基斯坦、瑞士、比利时
	中游（11 个）	日本、中国、美国、德国、荷兰、法国、印度、意大利、丹麦、马来西亚、英国
	下游（16 个）	美国、德国、荷兰、法国、中国、中国台湾、西班牙、意大利、墨西哥、波兰、印度、英国、奥地利、罗马尼亚、中国香港、日本

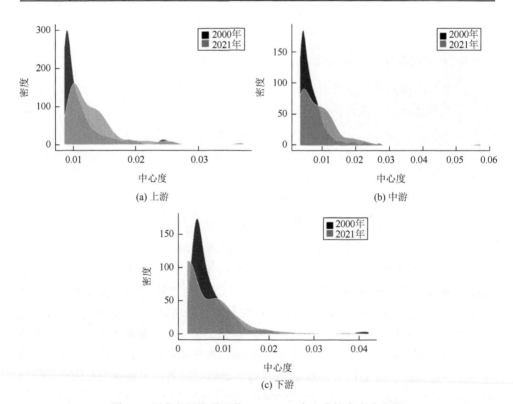

图 6.1　锂产业链贸易网络 PageRank 中心度核密度分布图

　　此外，由表 6.1 可以得出，锂产业链的上游、中游和下游的贸易网络中 PageRank 中心度排名前 10%的国家/地区变化较大，这 21 年间，锂产业链上游和中游的贸易网络呈现收缩趋势，其 PageRank 中心度排名前 10%的国家/地区分别减少了 1 个和 4 个；锂产业链下游的贸易网络呈现扩张趋势，其 PageRank 中心度排名前 10%的国家/地区增加 1 个。此外，节点名单的变化较大，主要体现在上游由非洲向欧洲过渡，中游欧洲的地位越来越突出，下游"中、美、欧、日"（中国、美国、欧洲、日本）的贸易格局逐渐稳定。这在一定程度上反映了锂产业链贸易网络的波动性；中游是以日本、中国为代表的亚洲国家/地区逐渐跃居榜首；下游主要是以美国、欧洲、日本为代表的发达国家/地区和以中国为代表的发展中国家/地区，值得一提的是中国在这 21 年间在锂产业链中游和下游的重要性日益凸显，这得益于中国对锂产业链的提前布局，可以看出中国锂产业链下游发展前景较为乐观，但是中国在上游的资源控制力仍有待提升。

第三节　锂产业链贸易网络脆弱性演化及重要节点影响程度

一、锂产业链贸易网络脆弱性演化

一般而言，网络受到的扰动多源于随机策略和确定性策略[243]，因此，脆弱性评估中的假定攻击策略法主要涉及两种场景：随机攻击和蓄意攻击。其中，随机攻击是指按照一定的概率随机删除网络中的节点，这种评估方式主要适用于随机事件对网络的影响；蓄意攻击是按照节点的重要程度对网络中的节点进行依次删除，反映到锂产业链贸易网络中，即表现为地缘政治冲突、贸易摩擦、经济制裁等[244]所带来的扰动对网络产生的影响。目前，对于非持续攻击的研究较少，原因在于非持续攻击的仿真容易脱离现实需求，其研究结果的现实映射较差。因此，本书暂不考虑随机攻击策略对锂产业链贸易网络脆弱性的影响。

随着国际环境的日益复杂，大国冲突、全球性的突发事件、贸易"逆全球化"的出现等不确定性的因素增加，国际贸易的稳定性也受到了极大冲击。此前，由边境封锁等外部因素导致出口限制的事件也频频发生，资源贸易的中断和冲击对国家/地区的发展具有重大影响，因此，本节采用假定攻击策略法中蓄意攻击的方式刻画了 2000 年、2005 年、2010 年、2020 年锂产业链贸易网络的网络集聚性、网络传输性、网络互动性和网络效率性的波动情况，并以 2021 年为案例，模拟了其 PageRank 中心度排名前 10%节点逐一失效后的网络特征值变化，并列出了 PageRank 中心度排名前 10%节点失效后的变化率，反映了锂产业链贸易网络中重要节点国家/地区对锂产业链网络脆弱性的影响。

2000 年、2005 年、2010 年、2020 年锂产业链贸易网络的网络集聚性、网络传输性、网络互动性和网络效率性的波动情况对比结果如图 6.2～图 6.4 所示。

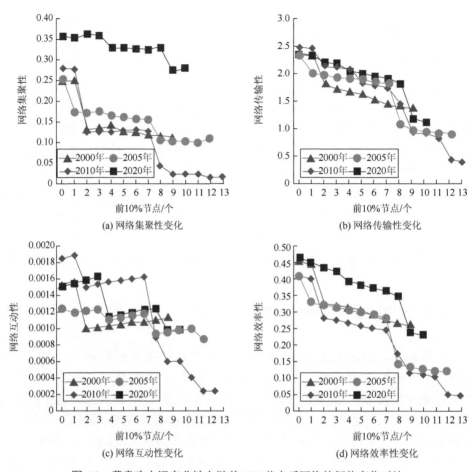

(a) 网络集聚性变化

(b) 网络传输性变化

(c) 网络互动性变化

(d) 网络效率性变化

图6.2 蓄意攻击锂产业链上游前10%节点后网络特征值变化对比

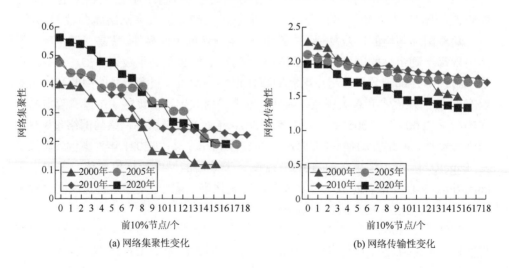

(a) 网络集聚性变化

(b) 网络传输性变化

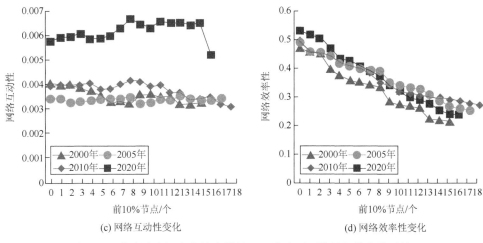

(c) 网络互动性变化　　　　　　　　(d) 网络效率性变化

图 6.3　蓄意攻击锂产业链中游前 10%节点后网络特征值变化对比

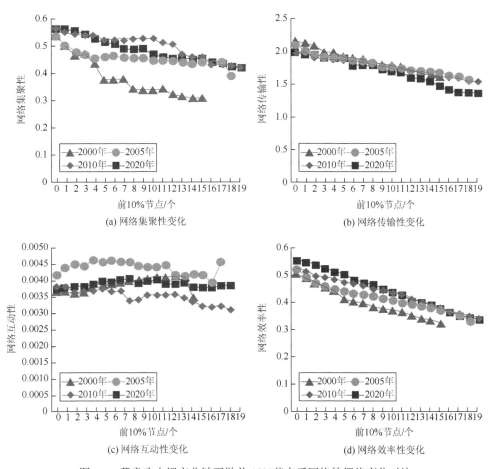

(a) 网络集聚性变化　　　　　　　　(b) 网络传输性变化

(c) 网络互动性变化　　　　　　　　(d) 网络效率性变化

图 6.4　蓄意攻击锂产业链下游前 10%节点后网络特征值变化对比

就锂产业链上游网络而言，当 PageRank 中心度排名前 10%的节点失效后：①锂产业链上游 2000 年网络集聚性平均下降 43.55%，2020 年网络集聚性平均下降 6.75%，且随着攻击比例的提高网络集聚性的差距明显扩大，其平均增长幅度约为 36.79%，表明网络集聚性对锂产业链上游网络脆弱性的影响是负面的；②锂产业链上游 2000 年网络传输性平均下降 30.47%，2020 年网络传输性平均下降 16.55%，且随着攻击比例的提高网络传输性的差距增加较为明显，其平均增长幅度约为 13.92%，表明网络传输性对锂产业链上游网络脆弱性的影响是负面的；③锂产业链上游 2000 年网络互动性平均下降 26.99%，2020 年网络互动性平均下降 13.65%，且随着攻击比例的提高网络互动性的差距增加较为明显，且保持较为一致的波动趋势，其平均增长幅度约为 13.34%，表明网络互动性对锂产业链上游网络脆弱性的影响是负面的；④锂产业链上游 2000 年网络效率性平均下降 31.41%，2020 年网络效率性平均下降 18.56%，且随着攻击比例的提高网络效率性的差距增加较为明显，其平均增长幅度约为 12.85%，表明网络效率性对锂产业链上游网络脆弱性的影响是负面的。综上，2000 年至 2020 年，锂产业链上游的网络抗毁性有所提升，节点冲击对其网络结构的波动影响减小，其中，网络聚集性的波动最为显著，这表明锂产业链上游网络为显著的核心网络，且网络紧密程度较高，其网络集聚性显著提升。

就锂产业链中游网络而言，当 PageRank 中心度排名前 10%的节点失效后：①锂产业链中游 2000 年网络集聚性平均下降 57.45%，2020 年网络集聚性平均下降 48.07%，且随着攻击比例的提高网络集聚性的差距增加逐渐明显，其平均增长幅度约为 9.38%，表明网络集聚性对锂产业链中游网络脆弱性的影响是负面的；②锂产业链中游 2000 年网络传输性平均下降 23.09%，2020 年网络传输性平均下降 26.09%，且 2000 年至 2020 年锂产业链中游网络传输性的差距呈现缩减趋势，其平均下降幅度约为 2.10%，表明网络传输性对锂产业链中游网络脆弱性的影响是正面的；③锂产业链中游 2000 年网络互动性平均下降 16.79%，2020 年网络互动性平均上升 12.48%，且随着攻击比例的提高网络互动性的差距增加较为明显，其平均增长幅度约为 29.27%，表明网络互动性对锂产业链中游网络脆弱性的影响是负面的；④锂产业链中游 2000 年网络效率性平均下降 42.69%，2020 年网络效率性平均下降 41.65%，且随着攻击比例的提高网络效率性的差距略微增加，其平均增长幅度约为 1.04%，表明网络效率性对锂产业链中游网络脆弱性的影响是负面的。综上，2000 年至 2020 年，锂产业链中游网络发展较稳定，其网络脆弱性变化较小，节点冲击对其网络结构的波动影响不大，其中，网络互动性的波动最为显著，这表明越来越多的节点在网络中充当着"桥梁"的作用，节点间的连通度大大提高。

就锂产业链下游网络而言，当 PageRank 中心度排名前 10%的节点失效后：

①锂产业下游 2000 年网络集聚性平均下降 39.83%，2020 年网络集聚性平均下降 19.68%，且随着攻击比例的提高网络集聚性的差距逐渐扩大，其平均增长幅度约为 20.15%，表明网络集聚性对锂产业链下游网络脆弱性的影响是负面的；②锂产业链下游 2000 年网络传输性平均下降 21.57%，2020 年网络传输性平均下降 22.95%，且随着攻击比例的提高网络传输性的差距逐渐缩小，其平均下降幅度约为 1.38%，表明网络传输性对锂产业链下游网络脆弱性的影响是正面的；③锂产业链下游 2000 年网络互动性平均下降 9.97%，2020 年网络互动性平均上升 4.16%，且 2000 年至 2020 年锂产业链下游网络互动性的差距逐渐减小，其平均下降幅度约为 5.81%，表明网络互动性对锂产业链下游网络脆弱性的影响是正面的；④锂产业链下游 2000 年网络效率性平均下降 31.08%，2020 年网络效率性平均下降 29.80%，且随着攻击比例的提高网络效率性的差距略微扩大，其平均增长幅度约为 1.28%，表明网络效率性对锂产业链下游网络脆弱性的影响是负面的。综上，2000 年至 2020 年，锂产业链下游网络发展较稳定，其网络脆弱性变化较小，节点冲击对其网络结构的波动影响不大，其中，网络集聚性的波动最为显著，这表明下游网络中核心网络的位置较为明显，网络紧密度较高。

二、节点对锂产业链贸易网络脆弱性的影响

图 6.5～图 6.7 反映了蓄意攻击下 2021 年锂产业链的网络指标特征值变化趋势及重要节点国家/地区对锂产业链网络脆弱性的影响。整体而言，随着节点的逐渐退出，锂产业链上游、中游和下游的网络集聚性、网络传输性、网络互动性和网络效率性均呈现下降趋势，且锂产业链上游网络出现了明显的层级性，其中，锂资源特性对网络结构的形成产生了明显的影响。由于锂资源的分布和可开采程度存在差异，一些国家/地区成为主要的锂资源供应地，形成资源垄断或寡头垄断的现象。这种资源优势使得这些国家/地区在锂产业链上游中具有重要的地位和影响力，而其他国家/地区则相对较弱，从而使得锂产业链上游网络呈现出锁定效应，进而导致节点失效对锂产业链上游网络结构的波动影响较大，锂产业链上游网络脆弱性较大。

（一）网络集聚性

网络集聚性以集聚系数为表征，集聚系数越大说明网络中的节点联系越紧密，这也更有利于网络抱团抵御风险。就上游而言：当前 10% 节点失效后，其网络的集聚系数呈现阶梯式下降，整体下降约 40%。此外，法国、荷兰、意大利和印度

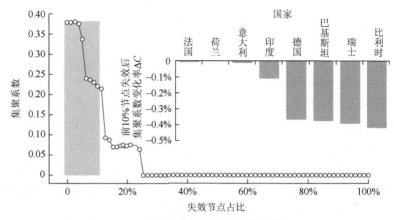

(a) 2021年锂产业链上游集聚系数

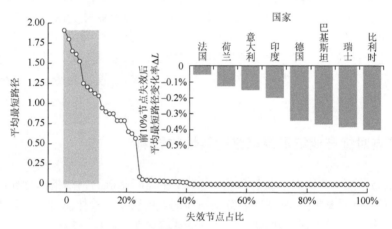

(b) 2021年锂产业链上游平均最短路径

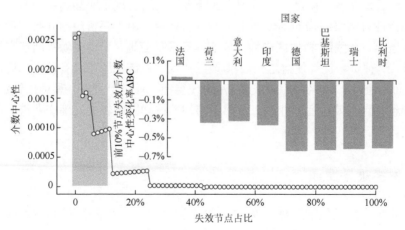

(c) 2021年锂产业链上游介数中心性

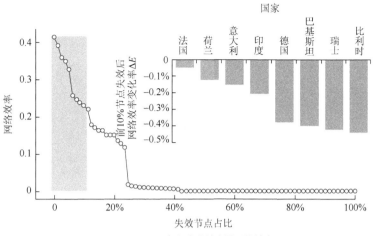

(d) 2021年锂产业链上游网络效率

图 6.5　锂产业链上游网络脆弱性分析（2021 年）

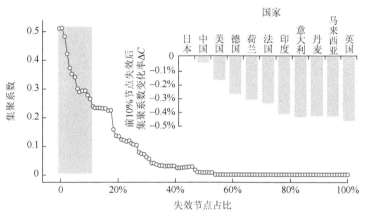

(a) 2021年锂产业链中游集聚系数

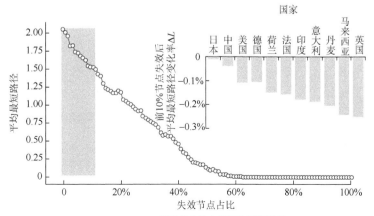

(b) 2021年锂产业链中游平均最短路径

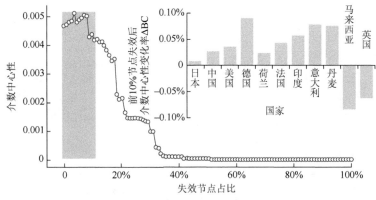

(c) 2021年锂产业链中游介数中心性

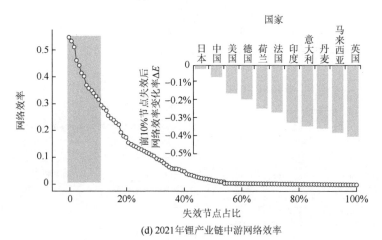

(d) 2021年锂产业链中游网络效率

图 6.6　锂产业链中游网络脆弱性分析（2021 年）

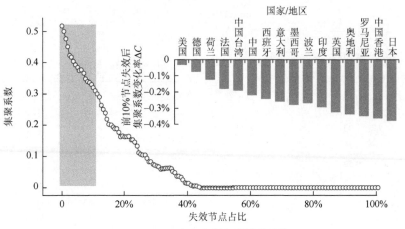

(a) 2021年锂产业链下游集聚系数

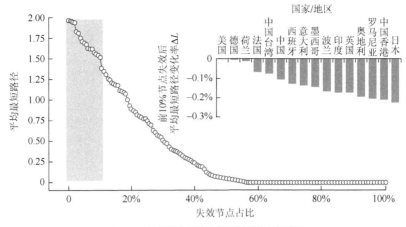

(b) 2021年锂产业链下游平均最短路径

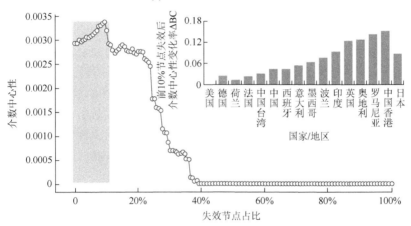

(c) 2021年锂产业链下游介数中心性

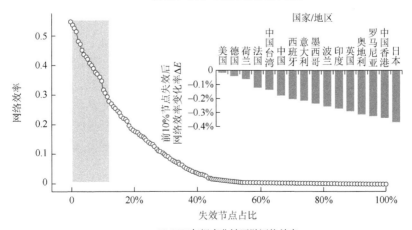

(d) 2021年锂产业链下游网络效率

图 6.7 锂产业链下游网络脆弱性分析（2021 年）

这前四个节点失效后，其网络的集聚系数变化不大，说明余下的网络还能保持相对紧密的联结，直到德国这个节点失效后，网络集聚性开始呈现陡崖式下降，网络呈现松散结构，整体抗风险能力明显减弱。就中游而言：当前10%节点失效后，其网络的集聚系数呈现断点式下降，整体下降约50%。尤其是当日本、中国、美国、德国、荷兰失效后，整个网络的紧密性显著降低。就下游而言：当前10%节点失效后，其网络的集聚系数呈现持续式下降，整体下降约40%。可以看出，就产业链而言，当节点失效后网络集聚性对中游产业链脆弱性影响最大，其次是上游，最后是下游。下游网络相对稳定，整体抵御风险的能力较强。

（二）网络传输性

网络传输性以平均最短路径为表征，刻画了网络中要素的扩散流通能力，当网络具有较高的传输性时，其节点间协调发展、抵御风险的能力也会提升。当前10%节点失效后，锂产业链上游、中游和下游网络的平均最短路径均呈现持续下降的态势，其中，当上游前10%节点失效后，其网络的平均最短路径下降约40%，尤其是当德国这一节点失效后，网络传输性显著下降；当中游前10%节点失效后，其网络的平均最短路径下降约30%；当下游前10%节点失效后，其网络的平均最短路径下降约20%，尤其是当法国这一节点失效后，网络传输性显著下降。可以看出，当节点失效后网络传输性对上游产业链脆弱性影响最大。

（三）网络互动性

网络互动性以介数中心性为表征。当前10%节点失效后，锂产业链上游的介数中心性呈现阶梯式下降的态势，其中，当上游前10%节点失效后，其网络的介数中心性下降约70%，这进一步说明节点的连续失效使得上游节点间的紧密程度迅速下降，上游脆弱性受影响较大；当中游、下游前10%节点失效后，其网络的介数中心性均呈现倒"V"形变化趋势，中游总体下降约10%，但下游上涨约6%，说明在节点连续失效背景下，其他节点的中转职能有所提升，但增加幅度在后期有所减缓。可以看出，当节点失效后网络互动性对上游产业链脆弱性影响最大。

（四）网络效率性

网络效率性以网络效率为表征。当前10%节点失效后，锂产业链上游的网络效率呈现断点式下降的态势，其网络效率下降约40%；当前10%节点失效后，锂产业链中游和下游的网络效率呈现持续式下降的态势，其网络效率分别下降约

40%和 30%。可以看出，当节点失效后网络效率性对上游和中游产业链脆弱性影响最大。

综上，锂产业链上游具有较大的脆弱性，上游网络抵御风险的能力较弱，且上游具有较明显的核心网络，其核心网络受到冲击对上游网络的破坏性较大，当网络冲击达到一定阈值时，开始迅速分裂并走向完全崩溃。具体而言，上游网络面临崩溃的阈值在 20%左右，中游和下游网络面临崩溃的阈值在 40%～60%。此外，锂产业链下游具有较小的脆弱性，下游网络最安全、稳定；锂产业链的中游相对稳定。

第七章　中国锂资源综合风险动态演变及预警研究

习近平总书记在党的二十大报告中强调，"加强重点领域安全能力建设，确保粮食、能源资源、重要产业链供应链安全"[245]。其中，战略性关键矿产关乎新兴产业的发展，是保障资源安全的重中之重[246, 247]。随着世界多极化、经济全球化的持续深化，国家间的相互联系和相互依赖程度前所未有地增加。中国不仅在经济增长方面对矿产资源有着持续的需求，同时在新兴技术、绿色能源等领域也对多种战略性关键矿产资源有着日益增长的需求[248, 249]。然而，全球矿产资源市场的持续波动、地缘政治风险增加、贸易保护主义盛行等不稳定因素都可能影响这些资源的稳定供应，进而影响中国的经济发展和国家安全。中国作为全球能源和重要矿产资源第一生产大国、消费大国和贸易大国，亟须积极应对各种潜在挑战[250]。因此，必须大力提高防范化解重大风险能力，严密防范系统性安全风险。其中，对矿产资源综合风险进行提前预警、科学管理、全面评估和高效应对，已成为提高资源综合风险防范应对的关键问题。

第一节　中国锂资源综合风险分析框架

随着气候变化对全球环境的影响日益凸显，各国迫切需要采取温室气体减排措施来应对这一挑战。其中，"双碳"战略目标成为国际社会共同追求的方向。从 2009 年开始，国家对新能源产业的重视程度逐渐提升，陆续出台了多项财政补贴政策，这为新能源产业带来了强劲的发展动力。这些政策举措在很大程度上促进了清洁能源的应用和推广，同时也推动了储能技术的广泛应用。此外，随着交通领域的电气化，锂离子电池作为高效能源储存技术的代表，其需求量呈现持续增长[251]，这种增长可能会带来新的资源挑战和风险；作为其关键原材料的锂资源，已然成为各国竞相博弈的标的商品。锂是目前世界上已知原子半径最小、质量最轻与电离电势最大的亲石稀有碱土金属元素。作为战略性新兴产业、国防尖端科技研发和现代工业不可或缺的功能性材料，锂因其高储能、软质地、轻比重、大比热、低能耗和强电化学活性等优良性质，广泛应用于玻璃、陶瓷、润滑脂、有机合成、有色冶金、临床医药、空气处理、高能电池、原子能热核聚变（反应）及航空航天等各个行业和领域[252]。

在现行的技术政策背景下，锂资源安全和可持续性的重要性越发凸显。随着交通电气化和可再生能源的快速发展，锂资源在高科技应用中的重要性也进一步凸显出来。与此同时，锂资源的开发和利用也面临了一系列的挑战和风险，这些风险可能影响资源的可持续供应和产业的稳定发展。因此，为了确保锂资源安全和可持续发展，必须充分把握和厘清其风险来源及影响路径。

目前关于锂资源综合风险的相关研究主要包括四个部分。一是锂资源安全评估：周娜[253]采用系统动力学方法从需求和价格方面对锂资源供应链安全进行了模拟和评估；郑明贵等[254]从资源禀赋、进口安全、市场风险和地缘政治方面对锂资源进行了评估与预警；郑人瑞等[255]从资源开采、国内供需、地缘政治、进口市场等方面对中国锂资源供应风险进行了评估；袁小晶等[256]从内部供需情况、外部贸易环境方面对锂资源供应风险进行了预警；廖秋敏和孙明浩[257]从生产成本、供需安全、生产集中度、地缘政治和未来供需趋势方面对锂资源供应安全进行了评估。二是根据经验、复杂网络分析、计量分析等方法对矿产品的总体供需形势、资源开发利用、贸易格局等进行分析：曾现来等[258]研究了中国锂的储量和需求，并指出锂的回收率至少需要达到90%才能实现供需平衡；Mo和Jeon[259]基于矢量误差校正模型方法研究了锂离子电池原材料（钴、锂、镍和锰）价格与电动汽车需求的动态关系；王安建等[260, 261]建立了资源需求理论体系，揭示了矿产资源消费的"S"形规律、倒"U"形规律和资源消费波次递进规律，并在此基础上总结了能源和矿产资源消费增长的周期与极限；Mu 等[262]从中观层面构建了电动汽车锂电池供应链网络，从供应链网络结构特征和中断波动方面研究了潜在的中断风险。三是基于回收角度对报废产品的材料和能量流进行研究：Shafique 等[263]分析了纯电动汽车中的锂镍锰钴氧化物电池的全球分布情况，并估计了锂镍锰钴氧化物电池材料的回收潜力；Liu 等[264]基于库存驱动模型对中国 13 个终端行业的锂离子电池和金属进行了自下而上的估算，并给出了中国可实现的金属回收目标；Sun 等[251]采用物质流分析法，深入追踪并分析了 2015～2021 年中国锂资源的流动和库存情况。四是锂资源的环境影响评估：Vandepaer 等[265]采用生命周期评估方法量化并对比了锂金属聚合物固态电池和锂离子电池的环境绩效；Han 等[266]、Wang 等[267]和 Winslow 等[268]讨论了锂离子电池在生产及运输、使用、处置和回收过程中对环境的重大影响与后果。

综上，锂资源安全相关研究已取得一定的发展与突破，但是，现有研究仅针对锂资源安全进行定量或定性评估，从风险角度出发对中国锂资源综合风险识别、风险预警、风险影响路径的探讨仍需进一步补充。结合已有研究，可以发现影响中国锂资源安全的主要因素包括资源禀赋、市场波动、贸易冲突和社会发展四方面，有鉴于此，本章构建了涵盖"资源-市场-贸易-社会"的中国锂资源综合风险框架（图 7.1），以概括中国锂资源发展过程中的掣肘，并对其综合风险动态演变、风险预警及风险影响路径进行系统探讨，以期为中国锂资源可持续发展和资源安全保障提供一定的参考。

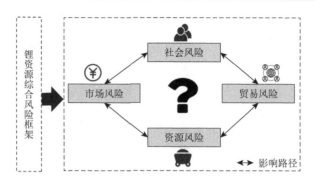

图 7.1　中国锂资源综合风险框架

第二节　中国锂资源综合风险预警方法

通常，在进行资源安全评价时主要考虑三个方面：资源的自主可控、资源供应的经济性和资源可持续利用[269]。毋庸置疑，资源端的风险构成了对整体资源安全产生深远影响的主要因素之一。由于矿产资源安全具有"涟漪效应"和"长尾效应"，这意味着资源风险不仅影响国内的传统和非传统安全管理领域，而且会对全球的政治经济安全态势产生影响[270]。因此，资源端供需失衡引发市场波动、政策调整等，不仅仅是资源因素在起作用，地缘政治、经济和贸易等多重因素也相互交织，共同塑造着资源风险的复杂影响[271]。此外，全球电动汽车和可再生能源市场的发展导致对锂的需求急剧上升，从而影响市场供需平衡。市场需求的变化会直接影响锂价格，如果市场供应不足，价格可能上涨，反之则反。高价格可能增加生产成本，影响锂产品的市场竞争力，这可能进一步导致资源勘探和开采活动的增加，从而加大资源风险。与此同时，由于中国对锂资源的依赖主要通过进口满足，因此国际贸易政策、供应国的政策变化等都可能影响锂资源的供应。如果供应国限制出口或提高关税，中国可能面临供应中断和价格上涨的风险。这将直接影响国内锂产业的稳定发展，可能导致生产成本增加、市场份额减少等问题。综上，这些风险之间存在着复杂的相互作用和传导机制，资源开采和需求变化可能影响市场供应和价格，而贸易政策和社会因素又会进一步影响资源开发和市场运行。因此，本章涉及的锂资源综合风险包括微观层面的资源风险、中观层面的市场风险和贸易风险以及宏观层面的社会风险。

一、警情评估方法——灰色关联投影法

锂资源综合风险评价过程中涉及的要素较为复杂，其中可能包含不确定性、模糊性和多样性等特征[272]。在这种情况下，锂资源综合风险评价可以视为一个涉

及多种因素和数据的问题，这使得灰色系统理论可能成为一个有用的工具。因此，本章选取灰色关联投影法对锂资源综合风险进行评估[273]。该方法对灰色系统问题具有较高的适应性，能够提升研究结果的客观性，其计算过程如下。

（1）指标标准化处理，公式如下。

$$正向指标： y_{ij} = \frac{X - X_{\min}}{X_{\max} - X_{\min}} \tag{7.1}$$

$$逆向指标： y_{ij} = 1 - \frac{X - X_{\min}}{X_{\max} - X_{\min}} \tag{7.2}$$

其中，X 表示评价指标的原始值；$X_{\min}$ 表示原始值中的最小值；$X_{\max}$ 表示原始值中的最大值。

（2）计算指标权重，见式（7.7）～式（7.9）。

（3）求解灰色关联系数，见式 7.15。

（4）计算灰色关联投影值。公式如下：

$$T_i = \cos i \times d_i = \frac{\sum_{j=1}^{m} (\omega_j'^2 \times \xi_{ij})}{\sqrt{\sum_{j=1}^{m} (\omega_j'^2)}} \tag{7.3}$$

其中，d_i 表示 y_i 的模；ω_j' 表示单位化处理后的权重值，即 $\omega_j' = \omega_j \Big/ \sqrt{\sum_{j=1}^{m} \omega_j^2}$；$\xi_{ij}$ 表示灰色关联度。

研究将综合风险值定量在[0, 1]区间内，并参照耶鲁大学 Graedel 等[274]的原材料关键性评估研究中的风险等级划分方式，将其风险等级定为高风险(0.8, 1]、中高风险(0.6, 0.8]、中风险(0.4, 0.6]、中低风险(0.2, 0.4]和低风险(0, 0.2]，并相应地划分为五个预警等级，分别为巨警、重警、中警、轻警和无警。

二、综合风险影响路径分析

本章采用通径分析法对风险影响路径进行深入分析。通径分析法不仅能用于测定两个变量间的相互关系，而且还能给出原因对结果的重要性，并且可以探究各变量间相互作用的复杂关系，可将相关系数分解为直接作用和间接作用，提示各个因素对结果的相对重要性[275]，公式如下。

在一个相互关联的系统中，因变量与自变量之间的关系可以表示为

$$y = b_0 + b_1 x_1 + \cdots + b_n x_n \tag{7.4}$$

通过对式（7.4）进行数学变换，得到矩阵如下：

$$\begin{bmatrix} 1 & \cdots & r_{x_1 x_n} \\ \vdots & & \vdots \\ r_{x_n x_1} & \cdots & 1 \end{bmatrix} \begin{bmatrix} p_{yx_1} \\ \vdots \\ p_{yx_n} \end{bmatrix} = \begin{bmatrix} r_{x_1 y} \\ \vdots \\ r_{x_n y} \end{bmatrix} \qquad (7.5)$$

其中，$r_{x_i x_j}$ 表示 x_i 和 x_j 的简单相关系数；$r_{x_i y}$ 表示 x_i 和 y 的简单相关系数。采用最小二乘法求解方程组（7.5）可得变量标准化的偏回归系数 p_{yx_i}，以此表示各原因对结果的相对重要性。

$$p_{yx_i} = b_i \frac{\sigma_{x_i}}{\sigma_y} \qquad (7.6)$$

其中，b_i 表示 y 对 x_i 的偏回归系数；σ_{x_i} 和 σ_y 表示 x_i 与 y 的标准差；p_{yx_i} 表示 x_i 对 y 的直接通径系数；$r_{x_i x_j} p_{yx_i}$ 表示 x_i 通过 x_j 对 y 的间接通径系数。

三、敏感性分析

为了避免综合风险指数的有偏估计，采用 CRITIC-TOPSIS 评价法，对中国锂资源综合风险指数进行敏感性分析，通过对比 CRITIC-TOPSIS 和 CRITIC-GRPM 的评价结果，来进一步验证综合风险指数的可靠性。TOPSIS 模型是基于评价对象与理想化目标的接近程度进行排序的方法，是在现有对象中进行相对优劣的评价。由于传统 TOPSIS 模型在指标确定时尚未考虑指标间的相关性，容易导致结果出现偏差，基于此，本章采用 CRITIC 权重与 TOPSIS 相结合的方法来进行进一步验证。CRITIC 权重是 Diakoulaki 等[276]提出的通过计算指标之间的相关性，将相关性作为权重分配的依据，从而反映指标之间的重要性；其优势在于它考虑了指标之间的相互关系，避免了仅仅基于主观判断来分配权重的问题。它能够更客观地反映指标的重要性，并提供了一种系统化的方法来处理权重分配问题，具体步骤如下。

（1）确定 CRITIC 权重。权重计算公式如下：

$$\omega_j = \frac{\sigma_j \sum_{i=1}^{n}(1 - r_{ij})}{\sum_{j=1}^{m}\left[\sigma_j \sum_{i=1}^{n}(1 - r_{ij})\right]} \qquad (7.7)$$

$$\sigma_j = \sqrt{\sum_{i=1}^{m} \frac{\left(X_{ij} - \overline{X_{ij}}\right)^2}{m - 1}} \qquad (7.8)$$

$$r_{ij} = \frac{\sum_{i=1}^{n}\left(X_i - \overline{X}\right)\left(Y_i - \overline{Y}\right)}{\sqrt{\sum_{i=1}^{n}\left(X_i - \overline{X}\right)^2}\sqrt{\sum_{i=1}^{n}\left(Y_i - \overline{Y}\right)^2}} \qquad (7.9)$$

其中，ω_j 表示第 j 个指标的 CRITIC 权重；σ_j 表示第 j 个指标的标准差；X_{ij} 表示第 i 个样本在第 j 个指标下的观测值；$\overline{X_{ij}}$ 表示 X_{ij} 的均值；Y 与 X 的含义相同；r_{ij} 表示指标 i 和指标 j 的皮尔逊相关系数，此外，$\overline{X_i} = \left(\overline{X_1} + \overline{X_2} + \cdots + \overline{X_m}\right)\big/m$，$\overline{X_j} = \left(\overline{X_1} + \overline{X_2} + \cdots + \overline{X_n}\right)\big/n$。

（2）结合指标权重与指标标准化值，构建加权规范化矩阵 $V = (V_{ij})_{mn} = W_j X'_{ijmn}$，确定正理想解和负理想解，设为 V^+、V^-：

$$V^+ = \{\max V_{ij} \mid i = 1, 2, \cdots, m\} = \left\{V_1^+, V_2^+, \cdots, V_n^+\right\} \tag{7.10}$$

$$V^- = \{\min V_{ij} \mid i = 1, 2, \cdots, m\} = \left\{V_1^-, V_2^-, \cdots, V_n^-\right\} \tag{7.11}$$

（3）计算单个样本到 V^+、V^- 的欧氏距离 D_i^+、D_i^-：

$$D_i^+ = \sqrt{\sum_{j=1}^{n}(V_{ij} - V_j^+)^2}, \ i = 1, 2, \cdots, m \tag{7.12}$$

$$D_i^- = \sqrt{\sum_{j=1}^{n}(V_{ij} - V_j^-)^2}, \ i = 1, 2, \cdots, m \tag{7.13}$$

（4）计算单个样本与 V^+、V^- 的灰色关联度 R_i^+、R_i^-：

$$R_i^+ = \frac{1}{n}\sum_{j=1}^{n}r_{ij}^+, \ \ R_i^- = \frac{1}{n}\sum_{j=1}^{n}r_{ij}^- \tag{7.14}$$

$$r_{ij}^+ = r_{ij}^- = \frac{\min_i \min_j \Delta V_{ij} + \rho \max_i \max_j \Delta V_{ij}}{\Delta V_{ij} + \rho \max_i \max_j \Delta V_{ij}} \tag{7.15}$$

其中，r_{ij}^+ 和 r_{ij}^- 分别表示样本 i 与 V^+ 和 V^- 关于指标 j 的灰色关联系数；$\Delta V_{ij} = \left|V_j^+ - V_{ij}\right|$ 或 $\Delta V_{ij} = \left|V_j^- - V_{ij}\right|$；$\rho$ 表示分辨系数，取 0.5。

（5）将 D_i^+、D_i^-、R_i^+、R_i^- 通过公式 $\varphi_i = \dfrac{\phi_i}{\max\limits_{1 \leqslant i \leqslant m}(\phi_i)}$ 进行无量纲化处理，得到无量纲化值 d_i^+、d_i^-、r_i^+、r_i^-，通过综合无量纲化值得到

$$T_i^+ = \alpha d_i^- + \beta r_i^+ \tag{7.16}$$

$$T_i^- = \alpha d_i^+ + \beta r_i^- \tag{7.17}$$

其中，$\alpha = \beta = 0.5$。

（6）计算贴近度 δ_i：

$$\delta_i = \frac{T_i^+}{T_i^+ + T_i^-} \tag{7.18}$$

第三节　中国锂资源综合风险评价指标体系构建及测算

本节根据对锂资源综合风险的定义，参考 Nassar 等[277]、Sun 等[278]、Gulley 等[279]、黄健柏等[280]、吴巧生等[281]、Helbig 等[282]、Yu 等[283]的研究，构建了涵盖"资源-市场-贸易-社会"的中国锂资源综合风险评价指标体系。其中，包括 4 个一级指标、18 个二级指标，具体指标选取和数据来源详见表 7.1。

表 7.1　中国锂资源综合风险评价指标体系

一级指标	二级指标	公式/来源	影响	参考文献
（A）资源风险	（A1）储量占比	美国地质调查局	−	[284]
	（A2）产量占比	美国地质调查局	−	[284]
	（A3）储产比	根据公式计算	−	[285, 286]
	（A4）可替代性	欧盟委员会报告	+	[287, 288]
	（A5）报废回收率	来自参考文献	−	[283]
	（A6）产需平衡度	根据公式计算	−	[289]
（B）市场风险	（B1）表观消费量增长率	消费数据来自中国有色金属工业协会锂业分会	+	[290]
	（B2）价格波动率	价格数据来自 Wind 数据库	+	[291, 292]
	（B3）资源消耗强度	根据公式计算	+	[293]
	（B4）经济贡献度	中国锂离子电池产业值数据来自工业和信息化部	+	[277]
（C）贸易风险	（C1）供给意愿指数	进出口数据来自 UN Comtrade	+	[277]
	（C2）外部依赖度	根据公式计算	+	[294]
	（C3）进口专业化程度	根据公式计算	+	[295]
	（C4）供应中断概率	根据公式计算	+	[278]
（D）社会风险	（D1）矿业政策成熟度	加拿大 Franser Institute（弗雷泽研究所）发布指数	−	[287]
	（D2）经济社会发展度	联合国开发计划署发布指数	−	[296]
	（D3）政治稳定性	世界银行发布指数	−	[297]
	（D4）经济自由度	华尔街日报和美国传统基金会联合发布指数	−	[277]

（A1）储量占比。通过中国锂资源储量占世界锂资源储量的比例来反映国内资源禀赋在全球的相对位置。

（A2）产量占比。通过中国锂资源产量占世界锂资源产量的比例来反映国内资源供给在全球的相对位置。

（A3）储产比。通过中国锂资源的储量和产量的比值来衡量国家锂资源可供使用年限，以此反映单位时间内矿产资源的可持续性。

（A4）可替代性。可替代性是指在不增加成本和降低产品性能的情况下替代矿物的可行性[287, 288]。不同研究对锂资源可替代性的量化有所差异，本节以欧盟委员会报告中的可替代性指数衡量。

（A5）报废回收率。通过前一年回收材料流量与原材料年废弃率的比值来反映废材消耗对资源供应压力的影响。

（A6）产需平衡度。采用全球锂资源产量与锂资源消费量的比值反映供给与消费的匹配度。

（B1）表观消费量增长率。该指标用于反映国内需求增长情况，其中表观消费量的计算借鉴 Nguyen 等[290]的研究，即 $\mathrm{AC} = P_D + M_{\mathrm{NI}} + \Delta S$。其中，$P_D$ 为国内锂资源产量，M_{NI} 为锂净进口量，ΔS 为锂存量。第 n 年的表观消费量增长率为

$$\mathrm{AC}_{\%} = \frac{\mathrm{AC}_n - \mathrm{AC}_{n-1}}{\mathrm{AC}_{n-1}} \tag{7.19}$$

（B2）价格波动率。以价格波动反映国内市场供需的波动，公式为

$$P = \frac{P_{\max} - P_{\min}}{\overline{P}} \tag{7.20}$$

其中，$P_{\max}$ 表示长江有色金属网中金属锂的年最高价格；$P_{\min}$ 表示年最低价格；$\overline{P}$ 表示年平均价格。

（B3）资源消耗强度。通过矿产表观消费量与国内生产总值的比例反映经济发展对资源的依赖程度。

（B4）经济贡献度。通过主要产业生产总值与国内生产总值的比例反映资源支撑经济发展的程度。就产能而言，2020 年，中国主导了全球锂离子制造市场，其产能约占世界产能的 77%。此外，受新能源汽车产业推动，中国已成为全球最大的锂电池消费市场。因此，主要产业生产总值选取的是中国锂离子电池产业生产总值。

（C1）供给意愿指数。通过中国和其他国家/地区锂产品进出口总额与锂离子产业生产总值的比值反映国内资源供给意愿度。其中，锂产品选取的是碳酸锂（HS283691）、氢氧化锂（HS282520）和氯化锂（HS282739），下同。

（C2）外部依赖度。通过锂产品净进口量与锂资源表观消费量的比值反映资

源对外依赖程度。其中，正值表示进口依赖，负值表示出口依赖。

（C3）进口专业化程度。通过赫芬达尔-赫希曼指数（Herfindahl-Hirschman index，HHI）反映市场集中度，从而表明在国际危机或争端时战略利用垄断地位的可能性。计算公式为

$$HHI = \sum \left(\frac{M_{i,L}}{M_L} \right)^2 \tag{7.21}$$

其中，$M_{i,L}$ 表示中国从第 i 国/地区进口锂产品的数量；M_L 表示锂产品的进口总量。

（C4）供应中断概率。本节选取 Sun 等[278]提出的 HHI-WGI 用于表示供应中断的概率，以反映生产率分布对贸易的影响。其计算公式为

$$HHI\text{-}WGI = \sum \left(\frac{M_{i,L}}{M_L} \right)^2 \times WGI_i \tag{7.22}$$

其中，WGI_i 表示缩放到[0, 10]的全球治理指数（Worldwide Governance Indicators，WGI），该指数由世界银行公布，用于反映不同国家管理水平对风险的影响，其缩放公式为 $WGI_i = -1.981 \times WGI + 5.0071$。

（D1）矿业政策成熟度。本节选取加拿大 Fraser Institute 发布的矿业政策洞察力指数（policy perception index，PPI）来定量评估和分析全球资源开发领域中的政策监管风险。这一指数通过考察各国和地区在资源开发方面的政策环境、法规制度以及政府管理等因素，提供了一个深入了解不同地区资源开发政策环境的途径。

（D2）经济社会发展度。本节选取联合国开发计划署发布的人类发展指数（human development index，HDI）来衡量国家经济社会发展度，该指数具有一定的综合性和认可度。

（D3）政治稳定性。本节选取世界银行公开发布的全球治理指数反映资源国的政治稳定程度。该指标覆盖了全球 215 个国家，主要包括暴力与责任性、政治稳定、政府有效性、腐败程度、法律制度和监管质量等 6 个子指标。

（D4）经济自由度。选取由华尔街日报和美国传统基金会联合发布的世界经济自由度指数，该指标反映了各国政策对经济和贸易自由的支持程度。

综上，指标体系中对采用国际报告或机构发布的指数（D1~D4），均在其基础上乘以中国锂产量占比以进行汇总；此外，进口数据为碳酸锂进口量加氢氧化锂进口量加锂辉石精矿（澳大利亚）进口量折和的 LCE。折算方法如下：进口锂辉石精矿产品按氧化锂品位 6%计算，并按照国内锂资源行业提锂现状（生产 1 t 碳酸锂需约 8 t 品位为 6%的锂精矿，生产 1 t 氢氧化锂约需 7 t 品位为 6%的锂精矿），将锂辉石精矿进口量折算成 LCE 数据，其中，锂精矿进口数据来源于中国海关。研究期设置为 2008~2022 年，并对原始数据进行了标准化处理。

第四节　中国锂资源风险动态演变及预警结果分析

一、中国锂资源综合风险指数动态演变

本节采用 CRITIC-GRPM 对中国锂资源 2008~2022 年的综合风险进行评估，各指标 CRITIC 权重如表 7.2 所示，资源风险、市场风险、贸易风险和社会风险分别占 41.27%、18.76%、17.97% 和 22.00%，可以看出资源风险在综合风险中所占权重最高，进一步说明"牢牢将矿产资源的饭碗端在自己手里"的必要性。

表 7.2　各指标 CRITIC 权重

指标	指标变异性	指标冲突性	信息量	权重
（A1）储量占比	0.408	15.195	6.199	7.04%
（A2）产量占比	0.275	19.419	5.342	6.07%
（A3）储产比	0.341	15.613	5.325	6.05%
（A4）可替代性	0.417	16.194	6.757	7.68%
（A5）报废回收率	0.399	19.429	7.760	8.82%
（A6）产需平衡度	0.286	17.254	4.939	5.61%
（B1）表观消费量增长率	0.318	14.131	4.494	5.11%
（B2）价格波动率	0.270	14.744	3.986	4.53%
（B3）资源消耗强度	0.270	12.327	3.333	3.79%
（B4）经济贡献度	0.313	14.965	4.688	5.33%
（C1）供给意愿指数	0.247	13.219	3.261	3.71%
（C2）外部依赖度	0.292	16.421	4.792	5.45%
（C3）进口专业化程度	0.271	14.172	3.839	4.36%
（C4）供应中断概率	0.269	14.571	3.914	4.45%
（D1）矿业政策成熟度	0.241	14.400	3.471	3.94%
（D2）经济社会发展度	0.337	18.810	6.337	7.20%
（D3）政治稳定性	0.298	16.852	5.030	5.72%
（D4）经济自由度	0.299	15.133	4.525	5.14%

中国锂资源综合风险指数动态演变如图 7.2 所示。中国锂资源综合风险均处于中风险及以上，自 2018 年来呈现风险攀升态势，2022 年转变为中高风险。就资源风险而言，其变化最为突出，呈现显著的三阶段变化趋势。第一阶段为 2008~

2013 年，呈现震荡式波动特征；第二阶段为 2013～2019 年，呈现波动上升特征；第三阶段为 2019～2022 年，呈现小幅递减特征。出现阶段性波动的原因可能是供需平衡调整，其中，第二阶段上升可能是因为电动汽车产业迅猛发展引发了资源供需失衡，以及国际市场竞争、地缘政治风险、市场价格波动等因素的相互作用。就市场风险而言，前期持续处于中低风险小幅波动，2021 年开始攀升至中高风险及以上，全球新冠疫情给市场带来了巨大的波动与风险。新能源背景下对锂资源的需求随着政策和市场的刺激也在持续攀升，2015 年开始中国新能源汽车进入高速成长阶段[298]，这在一定程度上反映了锂资源市场风险的伴随增长，毋庸置疑，供需紧平衡在一定程度上加剧了市场风险。就贸易风险而言，在 2010～2017 年持续处于中风险状态，之后开始小幅回落，直至 2022 年再次攀升至中高风险。就社会风险而言，以 2019 年为最低值呈现"U"形趋势，前期，随着矿业政策完备度的提升、矿业环境的优化等，社会风险逐步下降，近年来，全球新冠疫情导致社会经济环境较为紧张，从而在一定程度上加剧了社会风险。

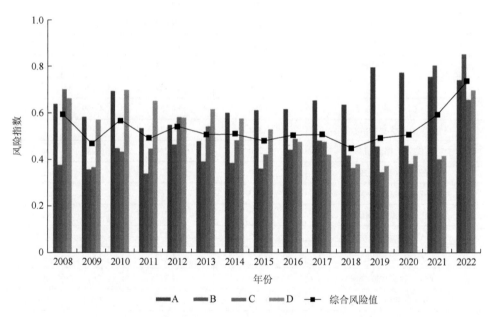

图 7.2　中国锂资源综合风险指数动态演变（2008～2022 年）

A 为资源风险；B 为市场风险；C 为贸易风险；D 为社会风险

　　为了避免综合风险指数的有偏估计，本节采用 CRITIC 权重结合 TOPSIS 对中国锂资源综合风险评估结果进行进一步验证。图 7.3 对比了 CRITIC-GRPM 和 CRITIC-TOPSIS 模型下所得的中国锂资源综合风险指数值，结果表明 CRITIC-TOPSIS 模型下所得结果小于 CRITIC-GRPM，但是中国锂资源综合风险指数的演变趋势具有时间一致性，其波动趋势趋于一致，这表明当前中国锂资源综合风险指数值具有一定的可靠性，且指标评价体系和评价模型具有一定的有效性。

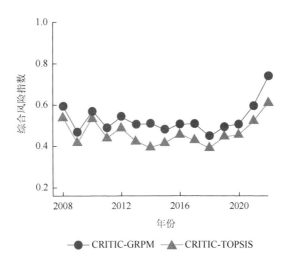

图 7.3　基于 CRITIC-GRPM 和 CRITIC-TOPSIS 的中国锂资源综合风险指数结果对比

二、中国锂资源综合风险预警结果分析

本节采用 CRITIC-GRPM 模型对 2008～2020 年中国锂资源综合风险进行评估，并以此为基础数据，采用指数平滑法对 2023～2032 年的锂资源综合风险演变进行模拟。指数平滑法会赋予不同时间点的数据不同的权重，通常近期的数据权重较大，较早期的数据权重逐渐减小，且能够较好地反映数据变化的趋势。图 7.4 展示了模拟值与真实值的变化趋势，可以看出模拟值能够较好地拟合真实值的变化趋势，模拟误差较小。

中国锂资源的综合风险持续处于"中警"等级，近年来呈现攀升趋势，且在 2022 年出现等级突变，从"中警"转变为"重警"，预计未来综合风险将常年处于"重警"等级。就具体风险演变而言，未来，资源风险渐趋稳定；市场风险和贸易风险将面临巨大的不可确定性并保持攀升态势，面临"巨警"威胁；社会风险会有小幅度增加。

就资源风险预警等级而言，资源风险呈现预警等级波动变化，并在 2009 年、2010 年、2014 年、2019 年和 2020 年出现突变，具体而言，以 2014 年为分水岭，呈现两阶段波动，前期呈现风险降低，后期呈现风险攀升并持续处于"重警"及以上的预警等级，且在 2019 年达到"巨警"等级。究其原因，可能与锂资源紧供需的市场特征和锂资源开采与提取难的现状有关。一方面，全球能源转型进程加

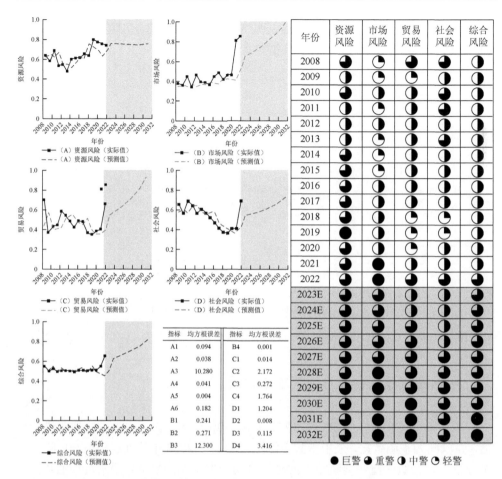

图 7.4　中国锂资源综合风险指数预警结果（2008～2032 年）

深，电动汽车产业蓬勃发展，对锂资源的需求迅速增长，但是供应链调整尚未跟上资源需求的变化，导致供应短缺现象时有发生，使得资源压力提升，资源风险伴随增加。另一方面，我国锂资源总量并不稀缺，但资源禀赋不出色，高端产品加工原料对外依存度高。根据美国地质调查局统计，我国锂资源主要以盐湖卤水形式存在，已探明锂资源储量为 150 万 t，占全球总储量的 7%。锂资源分布十分集中，盐湖主要分布在青海、西藏和湖北；锂辉石和锂云母主要分布在四川、江西和湖南三省。我国锂资源主要以从青海、西藏盐湖中提取为主，镁锂比高，提取技术难度大，锂提取率低，我国卤水提锂仅占 20%，且盐湖提锂产品多为普通工业级碳酸锂，高端产品加工原料对外依存度高[230]。此外，盐湖由于自然禀赋差异大，难以复刻矿石提锂模式快速进行产能复制，需要根据盐湖自然禀赋差异选择合适的提锂工艺，我国盐湖中蕴藏的锂资源量要远大于硬岩锂矿，但青海盐湖锂浓度相对较低、镁锂比较高，西藏盐湖海拔高且基础设施薄弱，因此，锂资源的开采和提取在一定程度上制约了锂资源的发展，从而加大了资源风险。但是，随着技术创新、战略布局和政策支持，中国在这方面已经取得了一定的进展和突破，资源端风险逐渐减弱，且在此发展态势下，未来资源风险将会维持在一个较稳定的状态。

就市场风险预警等级而言，呈现前期低后期高的趋势，且预计在 2028 年后会持续面临"巨警"威胁。2016～2020 年，锂价经历了震荡式变化，给市场带来了极大不确定性。其中，2016 年，以中国为代表的新能源汽车市场，在政府的强力补贴政策引导下，驱动了锂电行业的迅速增长，但由于产能增长滞后，锂资源的供给出现了短缺，锂价格站上历史高位。时至 2017 年底，随着澳大利亚等地的大批锂矿产能集中落地，全球锂资源供给大幅攀升，与此同时，中国新能源汽车补贴政策逐步退出，电池产业开始面临产能过剩、价格战激烈等问题，锂资源价格持续下跌，行业进入下行周期。随后，全球新冠疫情的暴发，导致了全球范围内的封锁、隔离和生产中断，这给全球供应链带来了严重冲击。中国作为重要的锂资源生产国，其供应链也受到了影响。生产中断、原材料短缺以及物流问题可能导致锂资源供应减少，从而增加市场风险。此外，国际贸易压力、政策不确定性、需求波动、许多国家开始考虑供应链多元化需求以降低对中国的资源依赖等多重因素叠加，在一定程度上也加剧了市场压力，影响了市场的稳定性。

就贸易风险预警等级而言，其突变出现在 2009 年、2010 年、2018 年、2021 年和 2022 年，分别由"中警"转变为"轻警"、"轻警"转变为"中警"、"中警"转变为"轻警"、"轻警"转变为"中警"、"中警"转变为"重警"，贸易风险的动荡与全球性事件紧密相关，预计在 2030 年贸易风险将突变为"巨警"等级。全球金融危机、新冠疫情对贸易风险的影响较为显著，《2022 年中国锂产业报告白皮书》显示，2022 年我国从国外进口锂辉石精矿约 284 万 t，锂行业原料对外依存度约为 55%。进口依赖度和进口集中度居高不下，导致资源外部防控和分散风险的难度大，锂资源进口安全缺乏保障[254]。此外，当前全球正处于风险突发、易发、频发的时期，各类"黑天鹅"事件，如突发公共卫生事件、地域冲突、大国博弈以及极端天气等，对各国的资源供应产生直接或间接影响。同时，供应端的突发变故增加了断供风险，对中国的资源安全和产业发展产生了极大影响。国际格局和竞争环境正在经历复杂演变，这种外部环境的变化为资源供应和贸易带来了更多的不确定性。此前，2008 年全球主要铜生产国智利、秘鲁、墨西哥以及赞比亚等国家的部分铜矿罢工事件，2019 年印度尼西亚的镍原矿石出口禁令[32]，2020 年南非的边境封锁措施（影响全球铬矿、钴矿市场），以及 2020 年刚果（金）的封锁措施等诸如此类的供应国断供事件在未来出现的可能性将会大大增加，这些事件凸显了全球资源供应链的脆弱性和受干扰的风险,对各国的资源供应和产业产生了不容忽视的影响,未来贸易风险将面临"巨警"威胁。

就社会风险预警等级而言,其风险等级在 2008~2013 年间呈现震荡变化,并在 2018 年转变为"轻警"状态,随后社会风险预警等级开始上升,并在 2022 年从"中警"转变为"重警",预计社会风险等级将常年处于"中警"及以上。

三、中国锂资源综合风险影响路径分析

在明确中国锂资源综合风险演变趋势及预警等级后,需要进一步厘清子风险对综合风险的影响路径及风险间的影响方式,为此,本节引入通径分析来详细地分析风险的影响途径,从而为科学有效地应对和降低风险提供有力的参考依据。通径分析是一种在风险评估中常用的方法,它能够帮助识别和量化不同因素之间的影响路径。通过通径分析,可以清楚地揭示子风险是如何相互作用,以及它们如何共同影响整体综合风险的。该方法将描绘一个更细致的风险网络,将各个子风险之间的联系、传递路径以及潜在的风险传播机制清晰呈现[287]。这有助于识别关键的影响因素和脆弱点,为制定有效的风险管理和应对策略提供指导。

锂资源综合风险值影响路径如图 7.5 所示,在影响路径图中,箭头方向表示风险传导路径,双向箭头表示相互影响,风险可能伴随发生。结果可得,贸易风险和市场风险存在正向的双向影响,即市场风险的增加会伴随着贸易风险的增加,同时贸易风险的增加也会伴随着市场风险的增加,贸易风险和市场风险存在伴随现象。在剔除不显著影响路径后,结果发现资源风险、市场风险、贸易风险和社会风险直接影响综合风险值,且直接影响系数(标准化路径系数)分别为 0.324、0.534、0.375 和 0.401。此外,社会风险显著影响贸易风险,其直接影响系数为 0.645;资源风险显著影响市场风险,其直接影响系数为 0.674。贸易在全球化背景下成为国家经济发展的重要驱动力,同时也是国家资源供应链中不可或缺的一环。贸易风险直接关系到国家的经济、产业和资源安全,其影响范围广泛。结合预警结果及风险影响路径结果,可以看出市场风险和贸易风险已然成为显著影响资源安全的重要因素,其同时受到资源风险和社会风险的直接或间接影响。贸易风险和市场风险通常伴随着经济连锁效应、产业链脆弱性、资源依赖性和国际合作受阻等不利影响,随着地缘政治因素加剧和经济不确定性增加,未来防范市场风险和贸易风险应该成为保障锂资源安全、促进产业可持续发展的重心。

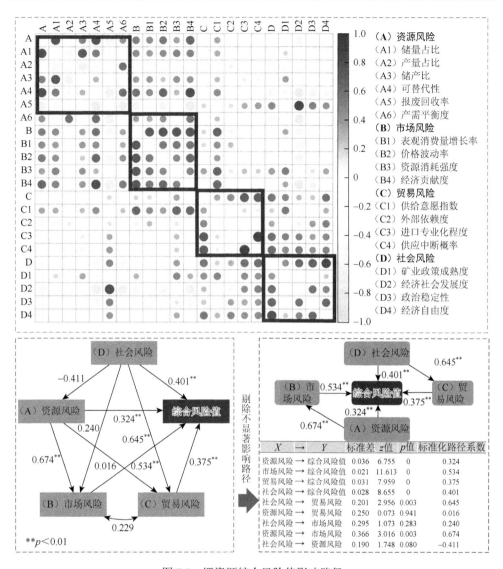

图 7.5 锂资源综合风险值影响路径

第八章　提升锂产业链韧性与安全的对策和建议

第一节　完善相关机制建设，建设产业链良好生态

政府可以从资源、市场和风险应对出发，完善相关机制建设。通过完善收储和投放机制建设来稳定市场预期，提高资源保障能力，实现多元化供应链分散风险，降低对来源国的资源依赖；通过制定合理的补贴和税收政策提高企业的积极性，鼓励企业加强回收工艺研究，提高资源再生利用率，同时，政府及相关部门完善回收渠道和溯源体系的建设，帮助行业形成可持续发展机制以缓解资源供需压力。此外，通过建立完备的贸易风险应对机制，具体而言，可以通过构建多情景处置方案应对贸易摩擦、突发事件、外部冲击、区域断供等不确定性造成的负面影响，强化预警意识，增强风险防范能力，未雨绸缪地降低外部不确定性带来的贸易安全挑战。

第二节　加大资源保障力度，强化资源自给重要性

在"逆全球化"思潮和资源保护主义倾向升温的背景下，提高资源自给率、强化国内资源"压舱石"作用对锂资源保供尤为重要。一方面，政府需要统筹规划锂矿资源的开发与保护，做好锂资源战略储备计划，加大中央地质勘查基金投入，加强对青海、西藏、四川、江西、新疆等省区的盐湖锂和矿石锂资源储量勘查综合评价，寻找新的资源靶区。同时，企业需要进一步加大研发投入以提升卤水锂的分离提炼技术，通过产学研协同来联合攻关卤水锂高效分离的现实难题，形成资源综合利用的产业链。另一方面，国家应当在全球重点资源区域建立多元化的资源基地以避免中国企业海外锂资源投资布局和供应导致的结构性失衡问题，进一步深化中非矿业合作进程，同时，鼓励国内条件成熟的企业"走出去"参与全球资源配置，并通过更多切实可行的方式"引进来"，以保障国内资源供应安全及相关产业发展。

第三节　深化锂产业链的整合重构，突破资源"卡脖子"困境

中国是锂资源消耗大国，在 2021 年全球电动汽车销量中，中国占据几乎一半以上的市场份额，动力电池的强劲需求让"资源焦虑"逐渐蔓延至锂产业。资源

问题制约着产业的可持续发展，尽管国内在不断扩充产能，但是资源仍然极大程度受制于人，加之玻利维亚、智利、阿根廷意欲组建"锂佩克"来掌握锂行业定价、加拿大宣布取消三家中国企业的锂矿产合同等外部不稳定因素频发，未来锂产业的发展只能通过技术变革来突破资源限制。一方面，制定高效的技术激励政策，促进企业技术升级，同时，政府可以适当介入基础研究和部分研究应用，以发挥其正外溢效应，比如，以具体的产品为突破口，通过共建实验室、互派研究人员、组织技术论坛或交流会等多种形式加强区域性的技术交流合作。另一方面，政府可以加强对创新锂技术的知识产权保护，占据产业链的核心环节，这种做法有利于我国克服现有的技术难关，突破国外技术垄断。在产业链整合重构上可以总结为"向上布局，向下延伸"，一方面，产业链子环节企业向产业链上下游延伸与整合，保证对产业链的整体把控能力，稳定供应体系并提高企业整体话语权。另一方面，充分发挥中国的技术创新优势，加速区域产业链重构。

中国具备加速推进区域技术创新和技术革命的能力。充分发挥中国市场的潜力，强化区域连接能力，同时，发挥中国全面开放的动能，通过推进更大范围、更宽领域、更深层次的全面开放加快区域产业链价值链的整合。此外，"链主"企业是产业建圈强链的主引擎，具有对产业链的整合力、供应链的掌控力和创新链的溢出力。因此，应以培育"链主"企业为核心，鼓励产业链上下游企业强强联合，促进大中小企业融通创新发展，保证对产业链的整体把控能力，稳定供应体系并提高企业整体话语权。通过在区域内的资源优化配置，突破发达国家将中国制约在低技术、低附加值环节的产业链供应链"低端锁定"路径。

第四节　推动区域合作深层次发展，挖掘贸易潜力，培育贸易新业态

在"逆全球化"的背景下，地缘政治和国家安全的重要性日益提升，国际市场也出现了更多的摩擦。各国需要依托本土市场形成的初始规模来参与国际竞争。通过本土的大规模需求市场，大国可以在国际产业竞争中获得优势，并通过服务全球市场来扩大规模经济效应。大国的产业链前后向关联更加紧密，能够在更多的产业链中占据主导地位。作为负责任的大国，中国应该致力于推进全球治理体制的改革，建立共生、共治、共享的世界合作格局。中国应充分释放国内市场潜力，培育贸易新业态和新模式。尤其在战略性关键矿产领域，中国应与各国政府加强政策协同，推动贸易投资自由化和便利化，加强国内外联动，保障国内产业链和供应链的安全稳定，并继续推进高水平的对外开放。中国应充分利用国内和国际两个市场、两种资源，通过实际行动深化产业链和供应链的国际合作，共同

构建安全稳定、畅通高效、开放包容、互利共赢的全球产业链和供应链体系。

中国拥有相对完整的锂产业链，且是世界最大的锂电池生产国之一，此外，RCEP 的实施和"一带一路"倡议为中国新能源汽车产业的国际化提供了广阔的机遇，中亚、阿拉伯国家以及东南亚、南亚等国家的新能源汽车需求不断增长，为中国新能源汽车产业的发展提供了强劲的竞争力和广阔的市场空间。因此，在美国制造业回流并引发部分国家"去中国化"协同效应的环境下，以完善的锂产业链配套能力为"回击点"，积极拓展经贸合作伙伴，优化贸易结构，降低对外依赖度，同时，加深科技合作与人才交流等，增强中国对外依赖的分散程度，促进更高水平对外开放，能在一定程度上缓解外部复杂环境带来的压力，形成具有更高创新力、更高附加值、更安全可靠的产业链。

第五节　着眼"资源-市场-贸易"风险管理，确保锂资源的安全和可持续供应

未来的资源管理策略必须着眼于资源风险的演变趋势，尤其是前期低、后期高的波动特征。这就需要加强对锂资源的技术创新，推动开发更高效的锂提取和加工方法，以提高资源利用效率，降低资源供应不稳定性所带来的风险。同时，通过制定灵活的政策措施，促进资源的合理开发和利用，调整生产布局以适应市场需求的变化。此外，加强与其他国家的合作，共享技术、经验和资源，能够在全球范围内平衡供需，降低国内资源的单一依赖风险。

应对市场风险可以通过建立有效的市场风险预警机制，及早识别市场变化的趋势和可能的风险点，为风险应对提供有力支持。此外，还需要加强预测能力，利用数据分析、市场研究和趋势预测等方法，准确判断市场发展的方向和可能的变化，以便制定相应的战略和计划。同时，提升资源保障能力，以应对不确定性的市场变化。

应对贸易风险应该致力于推进全球治理体制的改革，建立共生、共治、共享的世界合作格局。一方面，充分释放国内市场潜力，培育贸易新业态和新模式。在锂资源领域，应与各国政府加强政策协同，推动贸易投资自由化和便利化，加强国内外联动，保障国内产业链和供应链的安全稳定，并继续推进高水平的对外开放。另一方面，应充分利用国内和国际两个市场、两种资源，通过实际行动深化产业链和供应链的国际合作，共同构建安全稳定、畅通高效、开放包容、互利共赢的全球产业链和供应链体系。除此之外，建立完善的贸易风险管理体系也是必要的，包括建立贸易风险预警机制，及时获取和分析全球贸易动态，制定应对措施；加强与贸易伙伴的沟通和合作，减少不必要的贸易争端和摩擦；完善国内的贸易政策和法规，为贸易提供更稳定的法律环境。

参 考 文 献

[1] 汪晓东，周小苑，钱一彬. 必须把发展质量问题摆在更为突出的位置：习近平总书记关于推动高质量发展重要论述综述[N]. 人民日报海外版，2020-12-17（1）.

[2] Zuo Z L，Cheng J H，Guo H X，et al. Knowledge mapping of research on strategic mineral resource security：a visual analysis using CiteSpace[J]. Resources Policy，2021，74：102372.

[3] 谷树忠，李维明. 实施资源安全战略 确保我国国家安全[N]. 人民日报，2014-04-29（10）.

[4] 朱学红，彭婷，谌金宇. 战略性关键金属贸易网络特征及其对产业结构升级的影响[J]. 资源科学，2020，42（8）：1489-1503.

[5] 朱学红，张宏伟，黄健柏，等. 突发事件对国家金属资源安全的冲击影响[J]. 资源科学，2018，40（3）：486-497.

[6] 述忠，沈雨婷. 数字贸易与全球经贸规则重构[J]. 国际经济评论，2023（4）：7，118-138.

[7] 中国社会科学院工业经济研究所课题组，史丹. "十四五"时期中国工业发展战略研究[J]. 中国工业经济，2020（2）：5-27.

[8] 王一鸣. 百年大变局、高质量发展与构建新发展格局[J]. 管理世界，2020，36（12）：1-13.

[9] 苗圩. 提升产业链供应链现代化水平[J]. 中国经济评论，2021（2）：10-13.

[10] Yang D H. Pathways for elevating China's opening-up under the new development paradigm[J]. China Economist，2021，16（3）：84-112.

[11] 黄群慧，倪红福. 中国经济国内国际双循环的测度分析：兼论新发展格局的本质特征[J]. 管理世界，2021，37（12）：40-58.

[12] 黄群慧. 新发展理念：一个关于发展的系统的理论体系[J]. 经济学动态，2022（8）：13-24.

[13] 陆江源，杨荣. "双循环"新发展格局下如何推进国际循环？[J]. 经济体制改革，2021（2）：13-20.

[14] 成金华，易佳慧，吴巧生. 碳中和、战略性新兴产业发展与关键矿产资源管理[J]. 中国人口·资源与环境，2021，31（9）：135-142.

[15] 徐德义，朱永光. 能源转型过程中关键矿产资源安全回顾与展望[J]. 资源与产业，2020，22（4）：1-11.

[16] 王永中. 资源国关键矿产博弈的新动向及可能影响[J]. 人民论坛，2022（15）：90-95.

[17] Gielen D. Global energy transformation：a roadmap to 2050（2019 edition）[R]. Abu Dhabi：International Renewable Energy Agency，2019.

[18] Oberle B，Bringezu S，Hatfield-Dodds S，et al. Global Resources Outlook 2019：Natural Resources for the Future We Want[M]. Paris：International Resource Panel，2019.

[19] Dominish E，Florin N，Teske S. Responsible minerals sourcing for renewable energy[R]. Sydney：Institute for Sustainable Futures，2019.

[20] Månberger A，Stenqvist B. Global metal flows in the renewable energy transition：exploring the

effects of substitutes，technological mix and development[J]. Energy Policy，2018，119：226-241.

[21] Sovacool B K，Ali S H，Bazilian M，et al. Sustainable minerals and metals for a low-carbon future[J]. Science，2020，367（6473）：30-33.

[22] 王永中. 全球能源格局发展趋势与中国能源安全[J]. 人民论坛·学术前沿，2022（13）：14-23.

[23] 陈甲斌，刘超，冯丹丹，等. 矿产资源安全需要关注的六个风险问题[J]. 中国国土资源经济，2022，35（1）：15-21，70.

[24] 王安建，袁小晶. 大国竞争背景下的中国战略性关键矿产资源安全思考[J]. 中国科学院院刊，2022，37（11）：1550-1559.

[25] 安海忠，李华姣. 战略性矿产资源全产业链理论和研究前沿[J]. 资源与产业，2022，24（1）：8-14.

[26] 孔祥宇，张永生. 锂资源：新能源革命的源动力[J]. 人民论坛·学术前沿，2022（13）：76-81.

[27] Greim P，Solomon A A，Breyer C. Assessment of lithium criticality in the global energy transition and addressing policy gaps in transportation[J]. Nature Communications，2020，11：4570.

[28] Grosjean C，Miranda P H，Perrin M，et al. Assessment of world lithium resources and consequences of their geographic distribution on the expected development of the electric vehicle industry[J]. Renewable and Sustainable Energy Reviews，2012，16（3）：1735-1744.

[29] 吴巧生，周娜，成金华. 总体国家安全观下关键矿产资源安全治理的国家逻辑[J]. 华中师范大学学报（自然科学版），2023，57（1）：24-35.

[30] 王安建，王高尚，邓祥征，等. 新时代中国战略性关键矿产资源安全与管理[J]. 中国科学基金，2019，33（2）：133-140.

[31] 汪善进，程远. 欧洲新能源汽车现状与发展趋势[J]. 汽车安全与节能学报，2021，12（2）：135-149.

[32] 沈曦，郭海湘，成金华. 突发风险下关键矿产供应链网络节点韧性评估：以镍矿产品为例[J]. 资源科学，2022，44（1）：85-96.

[33] 杨丹辉. 全球产业链重构的趋势与关键影响因素[J]. 人民论坛·学术前沿，2022（7）：32-40.

[34] 中国人民大学国家发展与战略研究院. 当前全球形势演变与前瞻（2020—2021）（总第一期）[EB/OL]. http://nads.ruc.edu.cn/zkcg/ndyjbg/16e4dd1ded4e41489731e79e6773237f.htm[2023-02-17].

[35] 曹丽. 我国资源型地区新型城镇化风险管理研究[D]. 北京：中国矿业大学（北京），2016.

[36] 拉什 S，王武龙. 风险社会与风险文化[J]. 马克思主义与现实，2002（4）：52-63.

[37] Douglas M，Wildavsky A. Risk and culture：an essay on the selection of technological and environmental dangers[J]. Contemporary Sociology，1983，12（4）：414.

[38] 汪寿阳，胡毅，熊熊，等. 复杂系统管理理论与方法研究[J]. 管理科学学报，2021，24（8）：1-9.

[39] Levitas R. Discourses of risk and Utopia[J]. Journal of Architectural Education，2013，67（1）：122-128.

[40] 汪忠，黄瑞华. 国外风险管理研究的理论、方法及其进展[J]. 外国经济与管理，2005，27（2）：

25-31.

[41] 王京京. 国外社会风险理论研究的进展及启示[J]. 国外理论动态，2014（9）：95-103.

[42] 彭徽. 国际贸易理论的演进逻辑：贸易动因、贸易结构和贸易结果[J]. 国际贸易问题，2012（2）：169-176.

[43] Smith A. An Inquiry into the Nature and Causes of the Wealth of Nations[M]. Petersfield：Harriman House，2010.

[44] 毛在丽，朱金生. 国际贸易理论与政策[M]. 北京：人民邮电出版社，2014.

[45] 李嘉图 D. 政治经济学及赋税原理[M]. 周洁，译. 北京：华夏出版社，2013.

[46] Ohlin B. Interregional and International Trade[M]. Cambridge：Harvard University Press，1967.

[47] Stolper W F，Samuelson P A. Protection and real wages[J]. The Review of Economic Studies，1941，9（1）：58-73.

[48] Samuelson P A. International trade and the equalisation of factor prices[J]. The Economic Journal，1948，58（230）：163-184.

[49] Rybczynski T M. Factor endowment and relative commodity prices[J]. Economica，1955，22（88）：336-341.

[50] 张培刚，刘建洲. 新贸易理论及其与发展中国家的关系[J]. 经济学家，1995（2）：4-16，126.

[51] 纪昀. 从新古典到新兴古典：国际贸易理论的最新发展[J]. 世界经济研究，2000（1）：83-87.

[52] 杨小凯，张永生. 新贸易理论、比较利益理论及其经验研究的新成果：文献综述[J]. 经济学（季刊），2001（1）：19-44.

[53] 樊瑛. 新新贸易理论及其进展[J]. 国际经贸探索，2007（12）：4-8.

[54] Tichy N M，Tushman M L，Fombrun C. Social network analysis for organizations[J]. Academy of Management Review，1979，4（4）：507-519.

[55] Granovetter M. The Sociology of Economic Life[M]. London：Routledge，2018.

[56] Uzzi B. The sources and consequences of embeddedness for the economic performance of organizations：the network effect[J]. American Sociological Review，1996，61（4）：674-698.

[57] White H C，Boorman S A，Breiger R L. Social structure from multiple networks. I. blockmodels of roles and positions[J]. American Journal of Sociology，1976，81（4）：730-780.

[58] Burt R S. Structural holes[M]//Andersen R. Social Stratification. London：Routledge，2018：659-663.

[59] Coleman J S. Commentary：social institutions and social theory[J]. American Sociological Review，1990，55（3）：333-339.

[60] Page T. Conservation and Economic Efficiency：An Approach to Materials Policy[M]. New York：RFF Press，2013.

[61] Mill J S. Principles of political economy with some of their applications[J]. Social Philosophy，1848，1：1-329.

[62] 胡鞍钢，王蔚. 从"逆全球化"到"新全球化"：中国角色与世界作用[J]. 学术界，2017（3）：5-17，322.

[63] 郑春荣. 欧盟逆全球化思潮涌动的原因与表现[J]. 国际展望，2017，9（1）：34-51，145-146.

[64] 佟家栋，谢丹阳，包群，等. "逆全球化"与实体经济转型升级笔谈[J]. 中国工业经济，

2017（6）：5-59.

[65]　胡鞍钢，王蔚. 从"逆全球化"到"新全球化"：中国角色与世界作用[J]. 学术界，2017（3）：5-17，322.

[66]　胡黎明，郭文君，赵瑞霞. 中国主导"一带一路"区域产业链整合创新研究：基于技术标准与产业转移双轮驱动的视角[J]. 科学管理研究，2021，39（6）：162-170.

[67]　徐德义. 构建战略性矿产资源产业链供应链安全体系[N]. 中国社会科学报，2022-08-24（3）.

[68]　周思凡，郑佳，赵蕴华，等. 产业链视角下我国锂产业发展现状与建议[J]. 资源与产业，2017，19（6）：22-29.

[69]　Zhou N，Wu Q S，Hu X P，et al. Synthesized indicator for evaluating security of strategic minerals in China: a case study of lithium[J]. Resources Policy，2020，69：101915.

[70]　Snyder D，Kick E L. Structural position in the world system and economic growth，1955-1970: a multiple-network analysis of transnational interactions[J]. American Journal of Sociology，1979，84（5）：1096-1126.

[71]　Serrano M A，Boguñá M. Topology of the world trade web[J]. Physical Review E，Statistical，Nolinear，and Soft Matter Physics，2003，68（1 Pt 2）：015101.

[72]　Peng P，Lu F，Cheng S F，et al. Mapping the global liquefied natural gas trade network: a perspective of maritime transportation[J]. Journal of Cleaner Production，2021，283：124640.

[73]　Li J，Dong X C，Jiang Q Z，et al. Natural gas trade network of countries and regions along the Belt and Road: where to go in the future？[J]. Resources Policy，2021，71：101981.

[74]　程静静，樊瑛. 基于网络相似性测度的国际贸易产品分类[J]. 电子科技大学学报，2021，50（2）：303-310.

[75]　马述忠，任婉婉，吴国杰. 一国农产品贸易网络特征及其对全球价值链分工的影响：基于社会网络分析视角[J]. 管理世界，2016（3）：60-72.

[76]　Zuo Z L，McLellan B C，Li Y L，et al. Evolution and insights into the network and pattern of the rare earths trade from an industry chain perspective[J]. Resources Policy，2022，78：102912.

[77]　潘安，刘红. "一带一路"服务贸易网络的结构特征与影响因素[J]. 安徽大学学报（哲学社会科学版），2022，46（2）：124-135.

[78]　王介勇，戴纯，周墨竹，等. 全球粮食贸易网络格局及其影响因素[J]. 自然资源学报，2021，36（6）：1545-1556.

[79]　Basile R，Commendatore P，de Benedictis L，et al. The impact of trade costs on the European regional trade network: an empirical and theoretical analysis[J]. Review of International Economics，2018，26（3）：578-609.

[80]　孙健，吴康，杨宇. 全球原油贸易网络视角下的亚洲溢价与中日印韩原油潜在竞争关系[J]. 世界地理研究，2022，31（6）：1240-1250.

[81]　程中海，屠颜颖，孙红雪. 中国与"一带一路"沿线国家制造业产业内贸易网络时空特征及影响因素研究[J]. 世界地理研究，2022，31（3）：478-489.

[82]　Biryukova O V，Matiukhina A I. ICT services trade in the BRICS countries: special and common features[J]. Journal of the Knowledge Economy，2019，10：1080-1097.

[83]　戴卓. 国际贸易网络结构的决定因素及特征研究：以中国东盟自由贸易区为例[J]. 国际贸易问题，2012（12）：72-83.

[84] 张兵，李苹. 国际贸易网络与经济周期的协同性：来自二十国集团的经验证据[J]. 国际贸易问题，2022（9）：53-69.

[85] 陶蕾，宋周莺. RCEP 自贸区的建立及其成员国间贸易格局演化[J]. 世界地理研究，2022，31（4）：800-813.

[86] 聂常乐，姜海宁，段健. 21 世纪以来全球粮食贸易网络空间格局演化[J]. 经济地理，2021，41（7）：119-127.

[87] 王文宇，贺灿飞，任卓然. 中国矿产资源贸易网络演化[J]. 自然资源学报，2021，36（7）：1893-1908.

[88] Zhang C，Fu J S，Pu Z N. A study of the petroleum trade network of countries along "The Belt and Road Initiative"[J]. Journal of Cleaner Production，2019，222：593-605.

[89] 王妍，范爱军. 制造业贸易竞争网络及其全球价值链地位：基于跨国制造业细分行业数据的研究[J]. 经济问题探索，2023（10）：135-150.

[90] Schiavo S，Reyes J，Fagiolo G. International trade and financial integration：a weighted network analysis[J]. Quantitative Finance，2010，10（4）：389-399.

[91] 丛海彬，邹德玲，高博，等. "一带一路"沿线国家新能源汽车贸易网络格局及其影响因素[J]. 经济地理，2021，41（7）：109-118.

[92] 吴婉金，贺灿飞. 中国纺织业出口贸易网络扩张[J]. 世界地理研究，2022，31（1）：12-28.

[93] 庄德林，李嘉豪，陈紫若，等. 全球稀土贸易网络的动态演变与影响机制：基于产业链的视角[J]. 地理科学，2022，42（11）：1900-1911.

[94] Xi X，Zhou J S，Gao X Y，et al. Impact of the global mineral trade structure on national economies based on complex network and panel quantile regression analyses[J]. Resources，Conservation and Recycling，2020，154：104637.

[95] 李连刚，张平宇，谭俊涛，等. 韧性概念演变与区域经济韧性研究进展[J]. 人文地理，2019，34（2）：1-7，151.

[96] Alexander D E. Resilience and disaster risk reduction：an etymological journey[J]. Natural Hazards and Earth System Science，2013，13（11）：2707-2716.

[97] Flach F. Resilience：Discovering a New Strength at Times of Stress.[M]. New York：Fawcett Columbine，1988.

[98] Holling C S. Resilience and stability of ecological systems[J]. Annual Review of Ecology and Systematics，1973，4：1-23.

[99] 邵亦文，徐江. 城市韧性：基于国际文献综述的概念解析[J]. 国际城市规划，2015，30（2）：48-54.

[100] Hynes W，Trump B D，Kirman A，et al. Systemic resilience in economics[J]. Nature Physics，2022，18（4）：381-384.

[101] Harris A，Johns A. Youth，social cohesion and digital life：from risk and resilience to a global digital citizenship approach[J]. Journal of Sociology，2021，57（2）：394-411.

[102] Farley J，Voinov A. Economics，socio-ecological resilience and ecosystem services[J]. Journal of Environmental Management，2016，183：389-398.

[103] Arcuri R，Bellas H C，de Souza Ferreira D，et al. On the brink of disruption：applying resilience engineering to anticipate system performance under crisis[J]. Applied Ergonomics，2022，99：

103632.

[104] Plummer R, Armitage D. A resilience-based framework for evaluating adaptive co-management: linking ecology, economics and society in a complex world[J]. Ecological Economics, 2007, 61 (1): 62-74.

[105] Sheffi Y, Rice J B, Jr. A supply chain view of the resilient enterprise[J]. MIT Sloan Management Review, 2005, 47 (1): 41-48.

[106] Adger W N. Social and ecological resilience: are they related? [J]. Progress in Human Geography, 2000, 24 (3): 347-364.

[107] Rose A, Liao S Y. Modeling regional economic resilience to disasters: a computable general equilibrium analysis of water service disruptions[J]. Journal of Regional Science, 2005, 45(1): 75-112.

[108] Hollnagel E, Woods D D, Leveson N. Resilience Engineering: Concepts and Precepts[M]. Aldershot: Ashgate, 2006.

[109] Folke C. Resilience: the emergence of a perspective for social-ecological systems analyses[J]. Global Environmental Change, 2006, 16 (3): 253-267.

[110] Sharifi A, Yamagata Y. Principles and criteria for assessing urban energy resilience: a literature review[J]. Renewable and Sustainable Energy Reviews, 2016, 60: 1654-1677.

[111] Linkov I, Bridges T, Creutzig F, et al. Changing the resilience paradigm[J]. Nature Climate Change, 2014, 4 (6): 407-409.

[112] Linkov I, Eisenberg D A, Plourde K, et al. Resilience metrics for cyber systems[J]. Environment Systems and Decisions, 2013, 33: 471-476.

[113] Poulin C, Kane M B. Infrastructure resilience curves: performance measures and summary metrics[J]. Reliability Engineering & System Safety, 2021, 216: 107926.

[114] Godschalk D R. Urban hazard mitigation: creating resilient cities[J]. Natural Hazards Review, 2003, 4 (3): 136-143.

[115] Evans J P. Resilience, ecology and adaptation in the experimental city[J]. Transactions of the Institute of British Geographers, 2011, 36 (2): 223-237.

[116] Krumdieck S. Transition engineering of urban transportation for resilience to peak oil risks[R]. Denver: ASME 2011 International Mechanical Engineering Congress and Exposition, 2011.

[117] Ouyang M, Dueñas-Osorio L, Min X. A three-stage resilience analysis framework for urban infrastructure systems[J]. Structural Safety, 2012, 36/37: 23-31.

[118] Rose A. Economic resilience to natural and man-made disasters: multidisciplinary origins and contextual dimensions[J]. Environmental Hazards, 2007, 7 (4): 383-398.

[119] Sanders A E, Lim S, Sohn W. Resilience to urban poverty: theoretical and empirical considerations for population health[J]. American Journal of Public Health, 2008, 98 (6): 1101-1106.

[120] Wallace D, Wallace R. Urban systems during disasters: factors for resilience[J]. Ecology and Society, 2008, 13 (1): 18.

[121] Rijke J, Farrelly M, Brown R, et al. Configuring transformative governance to enhance resilient urban water systems[J]. Environmental Science & Policy, 2013, 25: 62-72.

[122] Colding J，Barthel S. The potential of "urban green commons" in the resilience building of cities[J]. Ecological Economics，2013，86：156-166.

[123] Jasiūnas J，Lund P D，Mikkola J. Energy system resilience：a review[J]. Renewable and Sustainable Energy Reviews，2021，150：111476.

[124] Mulugetta Y，Urban F. Deliberating on low carbon development[J]. Energy Policy，2010，38（12）：7546-7549.

[125] Molyneaux L，Wagner L，Froome C，et al. Resilience and electricity systems：a comparative analysis[J]. Energy Policy，2012，47：188-201.

[126] Hughes L. The effects of event occurrence and duration on resilience and adaptation in energy systems[J]. Energy，2015，84：443-454.

[127] Maliszewski P J，Perrings C. Factors in the resilience of electrical power distribution infrastructures[J]. Applied Geography，2012，32（2）：668-679.

[128] Bouzarovski S. Energy poverty in the European Union：landscapes of vulnerability[J]. Wiley Interdisciplinary Reviews：Energy and Environment，2014，3：276-289.

[129] Kruyt B，van Vuuren D P，de Vries H J M，et al. Indicators for energy security[J]. Energy Policy，2009，37（6）：2166-2181.

[130] Byrd H，Matthewman S. Exergy and the city：the technology and sociology of power（failure）[J]. Journal of Urban Technology，2014，21（3）：85-102.

[131] Kebede B，Bekele A，Kedir E. Can the urban poor afford modern energy? The case of Ethiopia[J]. Energy Policy，2002，30（11/12）：1029-1045.

[132] Mashima D，Cárdenas A A. Evaluating electricity theft detectors in smart grid networks[C]// Balzarotti D，Stolfo S J，Cova M. Research in Attacks，Intrusions，and Defenses. Berlin：Springer，2012：210-229.

[133] Pereira J P，Parady G T，Dominguez B C. Japan's energy conundrum：post-Fukushima scenarios from a life cycle perspective[J]. Energy Policy，2014，67：104-115.

[134] Coaffee J. Risk，resilience，and environmentally sustainable cities[J]. Energy Policy，2008，36（12）：4633-4638.

[135] Moss T. Divided city，divided infrastructures：securing energy and water services in postwar Berlin[J]. Journal of Urban History，2009，35（7）：923-942.

[136] O'Brien G. Vulnerability and resilience in the European energy system[J]. Energy & Environment，2009，20（3）：399-410.

[137] Weinberger S. Computer security：is this the start of cyberwarfare? [J]. Nature，2011，474：142-145.

[138] Ungar M. Qualitative contributions to resilience research[J]. Qualitative Social Work，2003，2（1）：85-102.

[139] Renschler C S，Frazier A E，Arendt L，et al. A Framework for Defining and Measuring Resilience at the Community Scale：The PEOPLES Resilience Framework[M]. Buffalo：MCEER，2010.

[140] 陈晓红，娄金男，王颖. 哈长城市群城市韧性的时空格局演变及动态模拟研究[J]. 地理科学，2020，40（12）：2000-2009.

[141] 周利敏. 韧性城市：风险治理及指标建构：兼论国际案例[J]. 北京行政学院学报，2016（2）：13-20.

[142] Zhang J，Zhang M Y，Li G. Multi-stage composition of urban resilience and the influence of pre-disaster urban functionality on urban resilience[J]. Natural Hazards，2021，107：447-473.

[143] Speranza C I，Wiesmann U，Rist S. An indicator framework for assessing livelihood resilience in the context of social-ecological dynamics[J]. Global Environmental Change，2014，28：109-119.

[144] Labaka L，Hernantes J，Sarriegi J M. Resilience framework for critical infrastructures：an empirical study in a nuclear plant[J]. Reliability Engineering & System Safety，2015，141：92-105.

[145] Vlacheas P，Stavroulaki V，Demestichas P，et al. Towards end-to-end network resilience[J]. International Journal of Critical Infrastructure Protection，2013，6（3/4）：159-178.

[146] Cutter S L，Barnes L，Berry M，et al. A place-based model for understanding community resilience to natural disasters[J]. Global Environmental Change，2008，18（4）：598-606.

[147] Pettit T J，Fiksel J，Croxton K L. Ensuring supply chain resilience：development of a conceptual framework[J]. Journal of Business Logistics，2010，31（1）：1-21.

[148] Shirali G A，Mohammadfam I，Ebrahimipour V. A new method for quantitative assessment of resilience engineering by PCA and NT approach：a case study in a process industry[J]. Reliability Engineering & System Safety，2013，119：88-94.

[149] Bruneau M，Chang S E，Eguchi R T，et al. A framework to quantitatively assess and enhance the seismic resilience of communities[J]. Earthquake Spectra，2003，19（4）：733-752.

[150] Zobel C W. Representing perceived tradeoffs in defining disaster resilience[J]. Decision Support Systems，2011，50（2）：394-403.

[151] Cox A，Prager F，Rose A. Transportation security and the role of resilience：a foundation for operational metrics[J]. Transport Policy，2011，18（2）：307-317.

[152] Chang S E，Shinozuka M. Measuring improvements in the disaster resilience of communities[J]. Earthquake Spectra，2004，20（3）：739-755.

[153] Hashimoto T，Stedinger J R，Loucks D P. Reliability，resiliency，and vulnerability criteria for water resource system performance evaluation[J]. Water Resources Research，1982，18（1）：14-20.

[154] Faturechi R，Levenberg E，Miller-Hooks E. Evaluating and optimizing resilience of airport pavement networks[J]. Computers & Operations Research，2014，43：335-348.

[155] Albores P，Shaw D. Government preparedness：using simulation to prepare for a terrorist attack[J]. Computers & Operations Research，2008，35（6）：1924-1943.

[156] Muller G. Fuzzy architecture assessment for critical infrastructure resilience[J]. Procedia Computer Science，2012，12：367-372.

[157] Foster K A. A case study approach to understanding regional resilience[R]. Berkeley：University of California，Berkeley，Institute of Urban and Regional Development，2007.

[158] Crespo J，Suire R，Vicente J. Lock-in or lock-out? How structural properties of knowledge networks affect regional resilience[J]. Journal of Economic Geography，2014，14（1）：199-219.

[159] Sharifi A. Resilient urban forms: a review of literature on streets and street networks[J]. Building and Environment，2019，147：171-187.

[160] 王成金，程佳佳，马丽. 长江立体化综合交通运输走廊的空间组织模式[J]. 地理科学进展，2015，34（11）：1441-1448.

[161] 武前波，宁越敏. 中国城市空间网络分析：基于电子信息企业生产网络视角[J]. 地理研究，2012，31（2）：207-219.

[162] 段德忠，杜德斌，谌颖，等. 中国城市创新网络的时空复杂性及生长机制研究[J]. 地理科学，2018，38（11）：1759-1768.

[163] 魏石梅，潘竟虎. 中国地级及以上城市网络结构韧性测度[J]. 地理学报，2021，76（6）：1394-1407.

[164] 谢永顺，王成金，韩增林，等. 哈大城市带网络结构韧性演化研究[J]. 地理科学进展，2020，39（10）：1619-1631.

[165] 赵渺希，黎智枫，钟烨，等. 中国城市群多中心网络的拓扑结构[J]. 地理科学进展，2016，35（3）：376-388.

[166] 冷炳荣，杨永春，李英杰，等. 中国城市经济网络结构空间特征及其复杂性分析[J]. 地理学报，2011，66（2）：199-211.

[167] 方大春，孙明月. 高铁时代下长三角城市群空间结构重构：基于社会网络分析[J]. 经济地理，2015，35（10）：50-56.

[168] 吴康，方创琳，赵渺希. 中国城市网络的空间组织及其复杂性结构特征[J]. 地理研究，2015，34（4）：711-728.

[169] 彭翀，林樱子，顾朝林. 长江中游城市网络结构韧性评估及其优化策略[J]. 地理研究，2018，37（6）：1193-1207.

[170] 路兰，周宏伟，许清清. 多维关联网络视角下城市韧性的综合评价应用研究[J]. 城市问题，2020（8）：42-55.

[171] 侯兰功，孙继平. 复杂网络视角下的成渝城市群网络结构韧性演变[J]. 世界地理研究，2022，31（3）：561-571.

[172] Machacek E，Kalvig P. Assessing advanced rare earth element-bearing deposits for industrial demand in the EU[J]. Resources Policy，2016，49：186-203.

[173] Habib K，Hamelin L，Wenzel H. A dynamic perspective of the geopolitical supply risk of metals[J]. Journal of Cleaner Production，2016，133：850-858.

[174] 成金华，帅竞，赵雨佳，等. 关键矿产供应风险评估与预测：以铜资源为例[J]. 资源科学，2023，45（9）：1778-1788.

[175] Bailey G，Mancheri N，van Acker K. Sustainability of permanent rare earth magnet motors in (H)EV industry[J]. Journal of Sustainable Metallurgy，2017，3：611-626.

[176] Dewulf J，Blengini G A，Pennington D，et al. Criticality on the international scene: quo vadis? [J]. Resources Policy，2016，50：169-176.

[177] Mancheri N A，Sprecher B，Deetman S，et al. Resilience in the tantalum supply chain[J]. Resources，Conservation and Recycling，2018，129：56-69.

[178] Jiang R，Liu C X，Liu X W，et al. Supply chain resilience of mineral resources industry in China[J]. Discrete Dynamics in Nature and Society，2023（2）：1-10.

[179] 于娱, 马代鹏, 王贤梅. 国际铁矿资源全产业链产品的贸易网络韧性[J]. 资源科学, 2022, 44 (10): 2006-2021.

[180] Zhou N, Su H, Wu Q S, et al. China's lithium supply chain: security dynamics and policy countermeasures[J]. Resources Policy, 2022, 78: 102866.

[181] Shao L G, Jin S Z. Resilience assessment of the lithium supply chain in China under impact of new energy vehicles and supply interruption[J]. Journal of Cleaner Production, 2020, 252: 119624.

[182] 李鹤, 张平宇. 全球变化背景下脆弱性研究进展与应用展望[J]. 地理科学进展, 2011, 30 (7): 920-929.

[183] 马恒, 张钢锋, 史培军. 畜牧业雪灾致灾成害过程和风险评估研究进展与展望[J]. 地理科学进展, 2021, 40 (12): 2116-2129.

[184] Benzies K M, Perry R, Cope Williams J. Influence of the COVID-19 pandemic on executive skills in Canadians experiencing social vulnerability: a descriptive study[J]. Health & Social Care in the Community, 2022, 30 (5): e1853-e1861.

[185] Al-Amin A Q, Nagy G J, Masud M M, et al. Evaluating the impacts of climate disasters and the integration of adaptive flood risk management[J]. International Journal of Disaster Risk Reduction, 2019, 39: 101241.

[186] 宋小青, 申雅静, 王雄, 等. 耕地利用转型中的生物灾害脆弱性研究[J]. 地理学报, 2020, 75 (11): 2362-2379.

[187] 崔晓敏, 熊婉婷, 杨盼盼, 等. 全球供应链脆弱性测度: 基于贸易网络方法的分析[J]. 统计研究, 2022, 39 (8): 38-52.

[188] 王绍博, 段伟, 秦娅风, 等. 高铁网络空间组织模式及其脆弱性评估: 以长三角为例[J]. 资源科学, 2022, 44 (5): 1079-1089.

[189] Gu Y, Fu X, Liu Z Y, et al. Performance of transportation network under perturbations: reliability, vulnerability, and resilience[J]. Transportation Research Part E: Logistics and Transportation Review, 2020, 133: 101809.

[190] Berdica K. An introduction to road vulnerability: what has been done, is done and should be done[J]. Transport Policy, 2002, 9 (2): 117-127.

[191] Mattsson L G, Jenelius E. Vulnerability and resilience of transport systems: a discussion of recent research[J]. Transportation Research Part A: Policy and Practice, 2015, 81: 16-34.

[192] Jenelius E, Petersen T, Mattsson L G. Importance and exposure in road network vulnerability analysis[J]. Transportation Research Part A: Policy and Practice, 2006, 40 (7): 537-560.

[193] 彭澎, 程诗奋, 刘希亮, 等. 全球海洋运输网络健壮性评估[J]. 地理学报, 2017, 72 (12): 2241-2251.

[194] 王列辉, 张圣, 陈锐. 南海周边航运网络脆弱性及对中国集装箱运输的影响[J]. 世界地理研究, 2022, 31 (4): 700-712.

[195] 何瑶, 杨永春, 郭建科. 中断模拟下的中国沿海集装箱港口航运网络脆弱性[J]. 资源科学, 2022, 44 (2): 414-424.

[196] 王诺, 董玲玲, 吴暖, 等. 蓄意攻击下全球集装箱海运网络脆弱性变化[J]. 地理学报, 2016, 71 (2): 293-303.

[197] 刘昭阁，李向阳，朱晓寒. 城市关键基础设施网络脆弱性关联分析的知识本体配置[J]. 系统工程理论与实践，2023，43（1）：222-233.

[198] Tornyeviadzi H M，Owusu-Ansah E，Mohammed H，et al. A systematic framework for dynamic nodal vulnerability assessment of water distribution networks based on multilayer networks[J]. Reliability Engineering & System Safety，2022，219：108217.

[199] Agathokleous A，Christodoulou C，Christodoulou S E. Topological robustness and vulnerability assessment of water distribution networks[J]. Water Resources Management，2017，31：4007-4021.

[200] Zhang M L，Xu M H，Wang Z L，et al. Assessment of the vulnerability of road networks to urban waterlogging based on a coupled hydrodynamic model[J]. Journal of Hydrology，2021，603：127105.

[201] Yu D Y，Ding T C. Assessment on the flow and vulnerability of water footprint network of Beijing City，China[J]. Journal of Cleaner Production，2021，293：126126.

[202] 吴迪，王宇鹏，盛世杰，等. "21世纪海上丝绸之路"集装箱海运网络的脆弱性变化[J]. 地理学报，2022，77（8）：2067-2082.

[203] 程光权，陆永中，张明星，等. 复杂网络节点重要度评估及网络脆弱性分析[J]. 国防科技大学学报，2017，39（1）：120-127.

[204] Ziemann S，Weil M，Schebek L. Tracing the fate of lithium：the development of a material flow model[J]. Resources，Conservation and Recycling，2012，63：26-34.

[205] Hao H，Liu Z W，Zhao F Q，et al. Material flow analysis of lithium in China[J]. Resources Policy，2017，51：100-106.

[206] Sun X，Hao H，Zhao F Q，et al. Tracing global lithium flow：a trade-linked material flow analysis[J]. Resources，Conservation and Recycling，2017，124：50-61.

[207] Sun X，Hao H，Zhao F Q，et al. Global lithium flow 1994-2015：implications for improving resource efficiency and security[J]. Environmental Science and Technology，2018，52（5）：2827-2834.

[208] Liu G，Müller D B. Mapping the global journey of anthropogenic aluminum：a trade-linked multilevel material flow analysis[J]. Environmental Science and Technology，2013，47（20）：11873-11881.

[209] Zeng X L，Li J H. Implications for the carrying capacity of lithium reserve in China[J]. Resources，Conservation and Recycling，2013，80：58-63.

[210] Miedema J H，Moll H C. Lithium availability in the EU27 for battery-driven vehicles：the impact of recycling and substitution on the confrontation between supply and demand until 2050[J]. Resources Policy，2013，38（2）：204-211.

[211] Hu X Q，Wang C，Lim M K，et al. Characteristics of the global copper raw materials and scrap trade systems and the policy impacts of China's import ban[J]. Ecological Economics，2020，172：106626.

[212] Wang C，Zhao L F，Lim M K，et al. Structure of the global plastic waste trade network and the impact of China's import ban[J]. Resources，Conservation and Recycling，2020，153：104591.

[213] Babbitt C W，Williams E，Kahhat R. Institutional disposition and management of end-of-life

electronics[J]. Environmental Science and Technology，2011，45（12）：5366-5372.

[214] 熊新，曾现来，胡兆吉. 中国报废飞机的资源回收潜力评估[J]. 中国环境科学，2023，43（3）：1225-1234.

[215] Richa K，Babbitt C W，Gaustad G，et al. A future perspective on lithium-ion battery waste flows from electric vehicles[J]. Resources，Conservation and Recycling，2014，83：63-76.

[216] Mellino S，Petrillo A，Cigolotti V，et al. A life cycle assessment of lithium battery and hydrogen-FC powered electric bicycles：searching for cleaner solutions to urban mobility[J]. International Journal of Hydrogen Energy，2017，42（3）：1830-1840.

[217] Shao L G，Hu J Y，Zhang H. Evolution of global lithium competition network pattern and its influence factors[J]. Resources Policy，2021，74：102353.

[218] Wang C，Huang X，Hu X Q，et al. Trade characteristics，competition patterns and COVID-19 related shock propagation in the global solar photovoltaic cell trade[J]. Applied Energy，2021，290：116744.

[219] Lee K M，Goh K I. Strength of weak layers in cascading failures on multiplex networks：case of the international trade network[J]. Scientific Reports，2016，6（1）：26346.

[220] Shao L G，Kou W W，Zhang H. The evolution of the global cobalt and lithium trade pattern and the impacts of the low-cobalt technology of lithium batteries based on multiplex network[J]. Resources Policy，2022，76：102550.

[221] 邢凯，朱清，任军平，等. 全球锂资源特征及市场发展态势分析[J]. 地质通报，2023，42（8）：1402-1421.

[222] Department of Energy. Biden administration announces $3.16 billion from bipartisan infrastructure law to boost domestic battery manufacturing and supply chains[EB/OL]. https://www.energy. gov/articles/biden-administration-announces-316-billion-bipartisan-infrastructure-law-boost-do mestic[2022-05-02].

[223] 史冬梅，王晶. 中国、日本、韩国电池技术和产业发展战略态势分析[J]. 储能科学与技术，2023，12（2）：615-628.

[224] 杨卉芃，柳林，丁国峰. 全球锂矿资源现状及发展趋势[J]. 矿产保护与利用，2019，39（5）：26-40.

[225] Verdevoye A G. Voiture électrique：la France plus pingre que l'Allemagne[EB/OL]. https://www. challenges.fr/automobile/actu-auto/voiture-electrique-l-allemagne-et-la-france-offrent-les-bonus-le s-plus-genereux_719264[2020-07-13].

[226] 张苏江，崔立伟，孔令湖，等. 国内外锂矿资源及其分布概述[J]. 有色金属工程，2020，10（10）：95-104.

[227] 王秋舒，元春华. 全球锂矿供应形势及我国资源安全保障建议[J]. 中国矿业，2019，28（5）：1-6.

[228] 左世全，赵世佳，祝月艳. 国外新能源汽车产业政策动向及对我国的启示[J]. 经济纵横，2020（1）：113-122.

[229] 唐葆君，王翔宇，王彬，等. 中国新能源汽车行业发展水平分析及展望[J]. 北京理工大学学报（社会科学版），2019，21（2）：6-11.

[230] 马哲，李建武. 中国锂资源供应体系研究：现状、问题与建议[J]. 中国矿业，2018，27（10）：

1-7.

[231] 金伶芝，何卉，崔洪阳，等. 驱动绿色未来：中国电动汽车发展回顾及未来展望[EB/OL].
https://www.theicct.org.cn/wp-content/uploads/2021/01/%E9%A9%B1%E5%8A%A8%E7%B
B%BF%E8%89%B2%E6%9C%AA%E6%9D%A5.pdf[2021-01-14].

[232] Tian X，Geng Y，Sarkis J，et al. Features of critical resource trade networks of lithium-ion
batteries[J]. Resources Policy，2021，73：102177.

[233] Chen G，Kong R，Wang Y X. Research on the evolution of lithium trade communities based on
the complex network[J]. Physica A：Statistical Mechanics and Its Applications，2020，540：
123002.

[234] Hu X Q，Wang C，Lim M K，et al. Critical systemic risk sources in global lithium-ion battery
supply networks：static and dynamic network perspectives[J]. Renewable and Sustainable
Energy Reviews，2023，173：113083.

[235] Chen C K，Jiang Z H，Li N，et al. Advancing UN Comtrade for physical trade flow analysis：
review of data quality issues and solutions[J]. Resources，Conservation and Recycling，2022，
186：106526.

[236] Balland P A，Rigby D. The geography of complex knowledge[J]. Economic Geography，2017，
93（1）：1-23.

[237] 蒋瑛，谢勇，常群. 美国制造业回流对中国供应链安全的影响研究[J]. 亚太经济，2023（2）：
75-86.

[238] 石建勋，卢丹宁. 着力提升产业链供应链韧性和安全水平研究[J]. 财经问题研究，2023（2）：
3-13.

[239] Sprecher B，Daigo I，Murakami S，et al. Framework for resilience in material supply chains，
with a case study from the 2010 rare earth crisis[J]. Environmental Science and Technology，
2015，49（11）：6740-6750.

[240] Chen B Y，Lam W H K，Sumalee A，et al. Vulnerability analysis for large-scale and congested
road networks with demand uncertainty[J]. Transportation Research Part A：Policy and
Practice，2012，46（3）：501-516.

[241] 蒋雪梅，张少雪. 基于 PageRank 算法的中间品全球贸易网络格局演变分析[J]. 国际商务
研究，2021，42（1）：38-49.

[242] 沈吟东，宫剑. 基于区域划分的地铁网络脆弱性评价方法[J]. 系统工程学报，2018，33（3）：
289-297，307.

[243] 颜文涛，卢江林，李子豪，等. 城市街道网络的韧性测度与空间解析：五大全球城市比较
研究[J]. 国际城市规划，2021，36（5）：1-12，137.

[244] 卢全莹，柴建，曹蒲菊，等. 世界原油供给阻滞对中国宏观经济的冲击效应测算：以美国
对伊朗实施石油制裁为例[J]. 系统工程理论与实践，2022，42（7）：1735-1754.

[245] 习近平. 高举中国特色社会主义伟大旗帜 为全面建设社会主义现代化国家而团结奋斗——在
中国共产党第二十次全国代表大会上的报告[EB/OL]. https://www.gov.cn/xinwen/2022-10-25/
content_5721685.htm[2022-10-25].

[246] 李平，王丽丽，王春晖. 关键矿产资源与经济发展的关系研究[J]. 拉丁美洲研究，2023，
45（5）：78-95，160-161.

[247] 侯增谦，陈骏，翟明国. 战略性关键矿产研究现状与科学前沿[J]. 科学通报，2020，65（33）：3651-3652.

[248] 李鹏飞，杨丹辉，渠慎宁，等. 稀有矿产资源的全球供应风险分析：基于战略性新兴产业发展的视角[J]. 世界经济研究，2015（2）：96-104，129.

[249] 李鹏飞，杨丹辉，渠慎宁，等. 稀有矿产资源的战略性评估：基于战略性新兴产业发展的视角[J]. 中国工业经济，2014（7）：44-57.

[250] 王安建，高芯蕊. 中国能源与重要矿产资源需求展望[J]. 中国科学院院刊，2020，35（3）：338-344.

[251] Sun X，Hao H，Geng Y，et al. Exploring the potential for improving material utilization efficiency to secure lithium supply for China's battery supply chain[J/OL]. https://doi.org/10.1016/j.fmre.2022.12.008[2022-12-25].

[252] 吴巧生，周娜，成金华，等. 全产业链锂产品贸易格局演化与中国地位[J]. 中南大学学报（社会科学版），2023，29（3）：102-112.

[253] 周娜. 中国锂产业链安全态势与治理研究[D]. 武汉：中国地质大学，2021.

[254] 郑明贵，刘丽珍，于明，等. 中国锂资源安全评估与预警[J/OL]. http://kns.cnki.net/kcms/detail/11.4648.P.20230728.1701.004.html[2024-03-01].

[255] 郑人瑞，唐金荣，周平，等. 我国锂资源供应风险评估[J]. 中国矿业，2016，25（12）：30-37.

[256] 袁小晶，马哲，李建武. 中国新能源汽车产业锂资源需求预测及建议[J]. 中国矿业，2019，28（8）：61-65.

[257] 廖秋敏，孙明浩. "逆全球化"背景下中国锂资源供应安全评价[J]. 矿业研究与开发，2022，42（4）：179-186.

[258] 曾ã来，李金惠，耿涌，等. 碳中和背景下我国典型战略性金属中长期可持续供给路径[J]. 中国科学院院刊，2023，38（8）：1099-1109.

[259] Mo J Y，Jeon W. The impact of electric vehicle demand and battery recycling on price dynamics of lithium-ion battery cathode materials：a vector error correction model（VECM）analysis[J]. Sustainability，2018，10（8）：2870.

[260] 王安建，王高尚，陈其慎，等. 矿产资源需求理论与模型预测[J]. 地球学报，2010，31（2）：137-147.

[261] 王安建，王高尚，周凤英. 能源和矿产资源消费增长的极限与周期[J]. 地球学报，2017，38（1）：3-10.

[262] Mu D，Ren H Y，Wang C，et al. Structural characteristics and disruption ripple effect in a meso-level electric vehicle lithium-ion battery supply chain network[J]. Resources Policy，2023，80：103225.

[263] Shafique M，Akbar A，Rafiq M，et al. Global material flow analysis of end-of-life of lithium nickel manganese cobalt oxide batteries from battery electric vehicles[J]. Waste Management & Research，2023，41（2）：376-388.

[264] Liu M，Liu W，Liu W，et al. To what extent can recycling batteries help alleviate metal supply shortages and environmental pressures in China？[J]. Sustainable Production and Consumption，2023，36：139-147.

[265] Vandepaer L，Cloutier J，Amor B. Environmental impacts of lithium metal polymer and lithium-ion stationary batteries[J]. Renewable and Sustainable Energy Reviews，2017，78：46-60.

[266] Han X J，Liang Y B，Ai Y Y，et al. Economic evaluation of a PV combined energy storage charging station based on cost estimation of second-use batteries[J]. Energy，2018，165：326-339.

[267] Wang F F，Deng Y L，Yuan C. Life cycle assessment of lithium oxygen battery for electric vehicles[J]. Journal of Cleaner Production，2020，264：121339.

[268] Winslow K M，Laux S J，Townsend T G．A review on the growing concern and potential management strategies of waste lithium-ion batteries[J]. Resources，Conservation and Recycling，2018，129：263-277.

[269] 张雷. 中国能源安全问题探讨[J]. 中国软科学，2001（4）：7-12.

[270] 彭忠益，卢珊. 大数据赋能国家矿产资源安全事件预警管理研究[J]. 情报杂志，2023，42（7）：65-70，92.

[271] 朱学红，冯慧，张宏伟. 地缘政治视角下铍资源供应风险分析[J]. 中南大学学报（社会科学版），2023，29（5）：138-147.

[272] 吕锋，崔晓辉. 多目标决策灰色关联投影法及其应用[J]. 系统工程理论与实践，2002（1）：103-107.

[273] 徐美，刘春腊. 湖南省资源环境承载力预警评价与警情趋势分析[J]. 经济地理，2020，40（1）：187-196.

[274] Graedel T E，Harper E M，Nassar N T，et al. Criticality of metals and metalloids[J]. Proceedings of the National Academy of Sciences，2015，112（14）：4257-4262.

[275] 马孝先. 中国城镇化的关键影响因素及其效应分析[J]. 中国人口·资源与环境，2014，24（12）：117-124.

[276] Diakoulaki D，Mavrotas G，Papayannakis L. Determining objective weights in multiple criteria problems：the critic method[J]. Computers & Operations Research，1995，22（7）：763-770.

[277] Nassar N T，Brainard J，Gulley A，et al. Evaluating the mineral commodity supply risk of the U. S. manufacturing sector[J]. Science Advances，2020，6：1-11.

[278] Sun X，Hao H，Hartmann P，et al. Supply risks of lithium-ion battery materials：an entire supply chain estimation[J]. Materials Today Energy，2019，14：100347.

[279] Gulley A L，McCullough E A，Shedd K B. China's domestic and foreign influence in the global cobalt supply chain[J]. Resources Policy，2019，62：317-323.

[280] 黄健柏，孙芳，宋益. 清洁能源技术关键金属供应风险评估[J]. 资源科学，2020，42（8）：1477-1488.

[281] 吴巧生，周娜，成金华. 战略性关键矿产资源供给安全研究综述与展望[J]. 资源科学，2020，42（8）：1439-1451.

[282] Helbig C，Bradshaw A M，Kolotzek C，et al. Supply risks associated with CdTe and CIGS thin-film photovoltaics[J]. Applied Energy，2016，178：422-433.

[283] Yu S W，Duan H R，Cheng J H. An evaluation of the supply risk for China's strategic metallic mineral resources[J]. Resources Policy，2021，70：101891.

[284] Sharifuddin S. Methodology for quantitatively assessing the energy security of Malaysia and other Southeast Asian countries[J]. Energy Policy，2014，65：574-582.

[285] Zuo Z L，Cheng J H，Guo H X，et al. Catastrophe progression method-path（CPM-PATH）early warning analysis of Chinese rare earths industry security[J]. Resources Policy，2021，73：102161.

[286] Feygin M，Satkin R. The oil reserves-to-production ratio and its proper interpretation[J]. Natural Resources Research，2004，13（1）：57-60.

[287] Helbig C，Bradshaw A M，Wietschel L，et al. Supply risks associated with lithium-ion battery materials[J]. Journal of Cleaner Production，2018，172：274-286.

[288] Graedel T E，Harper E M，Nassar N T，et al. On the materials basis of modern society[J]. Proceedings of the National Academy of Sciences of the United States of America，2015，112（20）：6295-6300.

[289] 周娜，吴巧生，薛双娇. 新时代战略性矿产资源安全评价指标体系构建与实证[J]. 中国人口·资源与环境，2020，30（12）：55-65.

[290] Nguyen R T，Fishman T，Zhao F，et al. Analyzing critical material demand：a revised approach[J]. Science of the Total Environment，2018，630：1143-1148.

[291] Hatayama H，Tahara K. Criticality assessment of metals for Japan's resource strategy[J]. MATERIALS TRANSACTIONS，2015，56（2）：229-235.

[292] New Energy and Industrial Technology Development Organization. Trend report of development in materials for substitution of scarce metals[R]. Kawasaki：New Energy and Industrial Technology Development Organization，2009.

[293] Elshkaki A，Graedel T E. Dysprosium，the balance problem，and wind power technology[J]. Applied Energy，2014，136：548-559.

[294] Gulley A L，Nassar N T，Xun S A. China，the United States，and competition for resources that enable emerging technologies[J]. Proceedings of the National Academy of Sciences of the United States of America，2018，115（16）：4111-4115.

[295] Erdmann L，Graedel T E. Criticality of non-fuel minerals：a review of major approaches and analyses[J]. Environmental Science and Technology，2011，45（18）：7620-7630.

[296] Graedel T E，Barr R，Chandler C，et al. Methodology of metal criticality determination[J]. Environmental Science and Technology，2012，46（2）：1063-1070.

[297] Kaufmann D，Kraay A，Mastruzzi M. The worldwide governance indicators：methodology and analytical issues[J]. Hague Journal on the Rule of Law，2011，3（2）：220-246.

[298] 邢凯，朱清，邹谢华，等. 新能源背景下锂资源产业链发展研究[J]. 中国地质，2023，50（2）：395-409.